平凡社新書
990

地銀消滅

高橋克英
TAKAHASHI KATSUHIDE

HEIBONSHA

地銀消滅●目次

第3章 第二地銀の末路

第4章 店舗と人材は不要になる

第5章 法人向けも個人向けも苦戦……135

はじめに

２０２１年６月７日、第二地方銀行の中京銀行（名古屋市）が、希望退職者を募集すると発表した。地方銀行（以下、地銀）が、いよいよ人員削減にまで踏み込んできたのだ。

募集対象者は、45歳以上の総合職と全年齢の一般職行員となる。応じた場合には、割増退職金を支給し、再就職支援もおこなう。同年８月末日の発表によると、本制度を利用する退職者は１５０名に上ったという。今回の希望退職に加え、採用調整や役員数の削減によって、従業員１１０９人のうち、２０２４年３月末までに、最大約30パーセントの人員を削減するとしている。

また、現在87ある店舗は、２０２２年３月末までという短期間に、全体の約３割を削減するという。店舗の統廃合に伴う減損処理と、早期退職の実施に伴う費用により、2021年度は、19億円の最終赤字の見込みだ。

これは、中京銀行だけの特殊な事例ではない。現在、ほとんどすべての地銀で店舗の統廃合がおこなわれているように、この先、早期退職の募集など人員削減が加速することになるだろう。店舗がなくなれば、人員も必要なくなるからだ。

では、なぜ、地銀はこのような状況にまで追い込まれてしまったのだろうか。中京銀行も理由に挙げているように、〝人口減少〟〝低金利〟〝デジタル化〟という三重苦が、地銀のビジネスを疲弊させているからだ。しかし、筆者は、地銀不振の根本的な原因は、こうした外部要因ではなく、地銀の内部要因にあると考えている。それはすなわち、「顧客目線と収益目線の欠如」だろう。

政府・日本銀行による「【期間限定】地銀再編キャンペーン」も始まり、これから地銀再編が加速することになる。しかし、むろん、地銀再編がゴールではなく、スタートラインとなろう。銀行の主要なビジネスモデルがデジタル化され、デジタル・プラットフォーマーやDX（デジタル・トランスフォーメーション）企業など異業種に代替されるなか、競合先との最終決戦が待ち受けている。
地銀再編が改めて注目され、アフター・コロナを見据えた地域経済の活性化策も盛んに出されている。しかし残念ながら、地方創生は幻想であり、地方の時代はこの先もやってはこない。多くの読者が薄々気づいているように、人口減少のもと、高度経済成長期のように日本全国津々浦々栄えることは、もはや不可能だからである。当然、そこに立脚する地銀の未来もこのままでは済まされない。「地銀消滅」の到来となろう。

第1章から第4章では、なぜ、地銀が苦境に陥り、店舗や人材のリストラに加えて、再編を進めなければならないのかを述べた。マクロ要因、デジタル化の進展、異業種の進出から説いていきたい。そして、第5章から終章で、政府・金融庁による「お花畑」的な仲良し施策の弊害と、地方創生や地方の時代が、なぜ幻想なのかを考えていく。さらに、地銀が顧客目線と収益目線を取り戻し、いかにして生き残るべきかを示してみたいと思う。

本書は、地銀の経営陣・役職員や地方自治体の方々だけでなく、「この先、地銀はどうなるのだろうか」と心配に思っている取引先の企業や顧客の皆さん、「地方創生や地域金融」に興味を持っている人や、DX企業など地銀業務に攻め入る側の方にも、一読していただければ幸いである。

なお、本書では、原則、地銀と称した場合には、全国地方銀行協会に所属する第一地方銀行と、第二地方銀行協会に所属する第二地方銀行とを併せた総称として使用する。

＊本書は、銀行や金融に関する一般的な筆者の見解をまとめたものです。法務・財務・会計などに関する助言などを提供するものではなく、それらの問題や見解に関しては、弁護士・公認会計士・税理士・司法書士など専門家にご相談ください。また、いかなる金融商品や不動産商品などの売買をすすめるものでもありません。投資における最終判断は各自の責任にてお願いします。

第1章　スマホ化が地銀を隅に追いやる

1、3大ビジネスが苦戦

この先も続く三重苦

地銀ビジネスの根幹が、〝人口減少〟〝低金利〟〝デジタル化〟という三重苦によって揺らいでいることを「はじめに」でも指摘した。では、いったい、どういうことなのだろうか。

人口減少に関しては、総務省の人口動態調査によれば、2021年1月1日時点の国内の日本人は1億2384万2701人で、前年比42万8617人の減少となった。マイナスは12年連続である。都道府県別では、首都圏（東京、神奈川、千葉、埼玉）と沖縄のみの人口が増加しており、首都圏への一極集中と地方の過疎化が進んでいることを表している。

また、出生数は84万3321人と過去最少で、5年連続100万人を下回っている。一方、人口の年齢別割合において、14歳以下の年少人口は前年比0・20パーセント減の12・10パーセントに対して、65歳以上はその2倍を超える28・24パーセントに達しており、少子高齢化も確実に進んでいる。

人口減少・少子高齢化・過疎化は相互に関連しており、いずれも、地銀にとって、法人・個人の顧客数の減少、市場の縮小による貸出ニーズの低下、店舗ネットワークの維持困難といった形で、悪影響を受けているのだ。


次の低金利とは、日本銀行（以下、日銀）による低金利政策のことである。

アベノミクスの一環として、2013年4月の異次元緩和から始まった日銀の低金利政策では、①長期金利をゼロ・パーセント程度、短期金利をマイナス0・1パーセントに誘導する長短金利操作、②国債の買い入れによる量的緩和、③ETF（上場投資信託）やREIT（不動産投資信託）などリスク資産を買い入れる質的緩和という三つの金融政策を組み合わせることで、景気を刺激し、2パーセントの物価安定目標の達成を目指している。

しかし、過去20年以上、一度も物価上昇率は2パーセントを超えておらず、目標達成は困難を極め、低金利政策は長期化している。地銀には、貸出金利の低下に伴う利ざやの縮小により、業績に悪影響が及んでいるのだ。

三つ目のデジタル化とは、AI（人工知能）やビッグデータの活用などによって金融とITが融合した新しい金融サービス（フィンテック）のことで、大きな広がりをみせている。

地銀もデジタル化やフィンテック事業に進出しているが、米国のGAFA（グーグル、アップル、フェイスブック、アマゾン）や、日本のソフトバンク、楽天、LINEなどに代表されるデジタル・プラットフォーマーやDX企業など、顧客数や技術力に勝る異業種からの銀行業務への進出が続いている。そのため、利便性や価格などに優れたデジタル・プラットフォーマーが提供するスマホアプリやキャッシュレス決済などによって、特に地銀の銀行業務が脅かされているのだ。

もともと銀行は、預金を低利で幅広く集めて、その預金を原資に、より高い金利で貸出をおこなうことで利ざやを稼ぐ貸出（融資）が、本業中の本業となる。

この貸出に加え、銀行のビジネスは、手数料と有価証券運用の三つで長らく収益の3本柱としてきた。しかし、人口減少と少子高齢化、低金利環境の長期化、デジタル化の進展という三重苦によって、地銀の3大ビジネスは苦戦しているのだ。

利ざやビジネスの崩壊

中小企業や個人の住宅ローンなどに貸出をすることで得られる利息収入は、地銀の収益の大方を占める柱であることを先に述べた。

全国地方銀行協会（以下、地銀協）によると、第一地方銀行（以下、第一地銀）62行において、貸付金の利息は、一時的な要因に左右されない銀行の基礎的な利益を示すコア業務粗利益全体の65・9パーセントを占めるという（2020年度、2021年3月末）。

だが、この本業中の本業の貸出が苦戦しているのである。2015年度には、全体で2兆3539億円あった貸出金の利息が、年々減少し、2020年度には、2

兆１９５１億円にまで減っている。

その最大の要因は、日銀の低金利政策に伴う貸出金利回りの低下である。２０１５年度には貸出金利回りは１・３０パーセントあったが、毎年縮小を重ね、２０２０年度には1パーセント割れの０・９７パーセントにまで落ち込んでいる。

さらに詳しくみていくと、貸出金利回りから預金債券等原価を引いた「預貸金利ざや」は、２０１５年度には、０・３４パーセントあったものが、年々低下し、２０２０年度では、０・２１パーセントにまで下がった。

これは、例えば、5年前であれば、10億円の貸出を1年間実行すれば、調達した預金金利支払いなど経費を差し引いて３４０万円の利益があったものが、現在では10億円を貸し出しても、1年間で２１０万円の利益にしかならず、地銀が得る実質的な利益が大きく減っているということなのだ。

この状況を貸出ビジネスにおいて打開するためには、貸出金利回りを上げるなどで利ざやを増やすか、貸出金残高自体を伸ばす、しかない。

多くの地銀は、この二つに取り組んでいる。しかし、コンサルティング業務や取引先の紹介など付加価値をつけることで貸出金利の上乗せや維持を目指しているが、競合するメガバンクや信用金庫（以下、信金）も地銀と同じ状況下なので、自行だけが貸出金利を上げることは容易ではない。

だが、実は、貸出の残高自体は伸びている。第一地銀では、コロナ対応の無利子貸出が増えたこともあり、前年比９兆４０００億円増加の２２３兆５０００億円に増加している（２０２０年度）。しかし、貸出残高の増加以上に、貸出金利回りの低下の影響が大きく、貸付金利息の低下に歯止めがかかっていないのだ。

さらに、過度な貸出の増強策にはリスクもある。例えば、スルガ銀行（沼津市）のアパートローンにおける不祥事のように、無理な営業によって不良債権化する事例や、この先、コロナ対策で緊急的に貸し出した取引先が廃業や破綻するリスクも抱えている。

実際、２０２０年度の第一地銀全体の不良債権額（金融再生法開示債権）は、４兆１４５３億円と前年比３９５４億円も増加しており、貸出全体に占める不良債権比率も1・77パーセントと前年比で上昇しており、この先、さらに悪化していく可能性もある。

つまり、現状、地銀はうまくいっていないのだ。

国内での貸出がダメなら、海外での貸出に活路を見出すべきかもしれない。しかし、千葉銀行（千葉市）や静岡銀行（静岡市）など海外支店を持つ一部の上位地銀を除けば、地銀には、十分なリスク管理体制などがなく、海外での貸出を大きく伸ばすこともできない。

そこで、多くの地銀では、地域特性に即した新しい分野における貸出増強策を打ち出している。例えば、観光、環境・再生可能エネルギー、医療・福祉、農業、船舶などにおける貸出などだ。

地方創生やESG（環境・社会・ガバナンス）、SDGs（持続可能な開発目標）の理念にも沿った、どれも地銀にふさわしい魅力的な新しい貸出先なのだろう。

しかしながら、地元自治体との観光キャンペーンへのタイアップ、無料の環境セミナーや医療セミナーの開催、香港やバンコクに出向いて地元の食料品を紹介するフードフェアの開催、といった施策にとどまることが多い。収益目線の欠如から、新たな貸出を生む以上に経費がかかり、むしろ赤字事業だったりもする。

きらぼし銀行（東京都港区）や北日本銀行（盛岡市）の医療・福祉向け貸出、伊予銀行（松山市）や愛媛銀行（松山市）の船舶金融（シップファイナンス）など、一部の成功事例を除けば、新たな貸出の柱とはならず、収益への貢献もないのが現実である。

むしろ、多くの地銀にとって、ノウハウもなく競争力がない新しい貸出の分野や、採算がこの先も見込めない新規事業からは、撤退・縮小する局面にあるといえる。

このように、地銀は、貸出金利回りの向上や貸出金残高の増加に加え、観光や環境向けの貸出強化などを打ち出すものの、どれも決定打にはなっていないのが現状である。

地銀の本業である貸出ビジネスは、このまま〝人口減少〟〝低金利〟〝デジタル化〟という三重苦の悪影響が続けば、利ざやがさらに縮小したり、逆ざやが生じることで、崩壊する可能性さえある。

では、期待を一身に集める手数料ビジネスはどうだろうか。

手数料収入（役務取引等収益）のなかには、伝統的には振込み手数料、為替手数料、ATM手数料などがある。これに加え、法人向けビジネスでは、M&A（企業の合併・買収）やビジネスマッチング、事業承継、コンサルティング業務に関わる手数料、個人向けビジネスでは、投資信託（以下、投信）や保険など金融商品販売に関わる手数料などがある。

しかし、手数料収入が第一地銀におけるコア業務粗利益全体に占める割合は、わずか13・3パーセント（2020年度）に過ぎない。

ほぼすべての地銀が、手数料収入の強化策を掲げているにもかかわらず、個人向け金融商品の販売などでは手数料「収入」は伸びるものの、経費を差し引いた手数料「収益」はほとんどないケースもあるという。収益の柱としてはまだまだの状況なのだろう。

証券運用を外部委託する地銀も

貸出、手数料に続く三つ目の柱となる有価証券運用とは、個人や法人から集めた預金を貸出だけでは運用できない場合、その一部を、金融市場において国債や地方債、株式などで運用して、収益を上げるビジネスのことである。

カネ余りで預金の流入が続く一方、貸出での利ざや拡大が期待できないなか、有価証券運用への収益期待はとても高い。しかし、日銀による低金利政策の影響で、国内での運用で高いリターンを上げるのは至難の業である。

より高いリターンを目指して、海外において、米国債をはじめ外国債券や海外ファンドなどへの投資をおこなう地銀は多いものの、為替リスクや金利リスク、クレジットリスクにカントリーリスクなどもあり、これらの投資で損失を計上するなど、運用収益を継続的に確保できない状況が続いている。

実際、市場での国債などの売買に伴う第一地銀の国債等債券関係損益は、前年比1222億円減少のマイナス608億円（2020年度）となっており、安定的な収益基盤とはなっていない。

このため、地銀のなかには、専門知識と経験が必要となる有価証券運用に見切りをつけて、SBIホールディングス（SBIHD）やオールニッポン・アセットマネジメントなど、提携する外部の専門企業に委託する地銀も出てきている。だが、当然ながら、委託や相談を受けたからといって市場を相手に常にリターンを上げられる訳ではない。コストが余分にかかる場合もある。

また、システム構築やデジタル化と同じく、地銀側に提携や委託が妥当なものかをチェックをする専門家も必要となる。

「予測できる危機」と「予測できない危機」

このように3大ビジネスがこぞって振るわなければ、地銀の業績は当然振るわない。

第一地銀62行の2021年3月期決算は、貸出金利息の減少などにより、業務純利益は前年比127億円減少の9633億円となり、当期純利益は、不良債権処理費用の増加などもあり、前年比微増の５９５２億円にとどまっている。

２０１９年４月に発表された日銀の金融システムレポートによれば、２０２８年度には約６割の地銀が赤字になるという。

もっとも、三重苦のうち、人口減少、低金利は、地銀にとって危機ではなく、業績不振への言い訳に過ぎない。もはや所与のもの、予測可能なものを危機とは言わないはずだ。対応するのみだ。人口減少や少子高齢化の進展は、地震予知とは違い、政府の統計推計でも明らかであり、ずいぶん前から予想値も含め公表されている。日銀の低金利政策もその是非は別として、コロナ禍でもあり、今後しばらくは続くと予想可能な状況だろう。

そもそも人口減少下でも、コロナ禍でも、最高益を計上している日本の企業は大企業から中小企業まで数多くある。株価が過去最高値を更新する企業も多い。

また、日銀の低金利政策は、日経平均の上昇による地銀の保有株式の評価益の増加や、企業の業績向上や倒産減少による不良債権の減少など、実は、地銀にとってプラスの面も多々あるのだ。

地銀のトップが、記者会見や決算説明会において毎回、とってつけたようにおこなう「昨今の人口減少や低金利政策が続く厳しい経営環境のなか、減収減益になりました」といった発言は、あまりにも無策・無責任であり、企業経営を放棄した言い訳にしか聞こえない、とも言いたくなる。

日銀の低金利政策が大変だと言うが、コロナ禍にもかかわらず、世界経済が曲がりなりにも崩壊することなく安泰な理由は、良くも悪くも日本や米国をはじめ先進国の史上最大規模の金融緩和策と財政出動なのである。先進各国の政府・中央銀行への信認感の存在が根底にある。

日本を含めた世界的な低金利政策により、「実は、大きな懸案事項もなく、安泰が続くグローバル・マーケット」ともいえる。

一方で、本当の危機とは、予測が不能なもの、突発的に発生するものである。過去30年を振り返っても、1990年代の日本のバブル崩壊と不良債権問題、湾岸戦争（1991年）、アジア通貨危機（1997年）、米国同時多発テロ（2001年）、SARSの流行（2003年）、リーマン・ショック（2008年）、新型インフルエンザの流行（2009年）、ギリシア財政危機（2010年）、東日本大震災（2011年）、英国のEU離脱決定（2016年）、トランプの大統領選勝利（2016年）などが該当する。今回のコロナ禍もそうだ。

残念ながら、アフター・コロナの、この先も危機や不安はなくならない。予測できる危機を言い訳にせず、予測できない危機に常に備え対処しながら、地域の取引先に対して貸出などを通じて下支えするのが地銀の役割であろう。

コロナ禍で顧客が気づいてしまったこと

今回のコロナ禍で、地銀の顧客（取引先）が、改めて気づいてしまったことがある。ネット・スマホの優位性、危機時の政府系金融の有用性、そして、身近にある信金、信用組合（信組）などの利便性である。

わざわざ来店する必要のないネット銀行、スマホ証券、デジタル・プラットフォーマーのスマホアプリが、慣れてみるといかに便利なことか。

また、頼りになったのは、国や地方自治体、信用保証協会に加え、日本政策金融公庫など政府系金融機関による様々な緊急支援制度であった。そして、地銀よりも身近にある信金、信組、JAバンク、郵便局の存在も親身で有り難かった、という。

そもそも、コロナ禍で本当に困った観光業や飲食業を主とした、中小零細企業や自営業者、フリーランス、個人の多くは、実は地銀をメインとする顧客は少なく、信金や信組、JAバンクやノンバンク、そして政府系金融機関や信用保証協会をおもに利用する顧客だったりするのである。

住宅ローンを除けば、個人との接点も多くなく、地元のいわゆる名門企業や大企業などに加え、規模でいうと中小企業というより、中堅企業といったところが、地銀の中心顧客である場合が多い。地域経済社会において、地銀のプレゼンスは高いようで高くないのが実態である。

2、ペイロールとスーパーアプリの衝撃

最後は銀行口座を経由

では、デジタル化による地銀への影響をみていこう。

今後、特に、キャッシュレス化そのものが進展していくのは間違いない。キャッシュレス決済には、支払い方法が、前払い、即時決済、後払いで分類でき、支払手段では、カードかスマホかで分類ができる。

例えば、パスモやスイカなどの電子マネーの場合、前払いのため、コンビニや駅での現金の入金か、クレジットカードなどとの紐づけが必要となる。また、後払いのクレジットカードの場合は、銀行口座からの引き落としとなる。一方で、即時決済のデビットカードでは、銀行口座と連動する形となる。スマホ決済の場合は、前払い、即時、後払いと決済手段を選ぶことができる。いずれの場合も、現金の入金を除けば、最終的には銀行口座からの引き落としとなるのだ。

つまり、電子マネー、クレジットカード、デビットカード、QRコード決済を含むスマホ決済といったどのサービスを利用したとしても、結局は、決済の最終原資は、一部の電子マネーを除けば、利用者個人の銀行口座からということになる。キャッシュレス化が進展しても、地銀は一定のプレゼンスを示し、データビジネスへの足掛かりとすることも、可能な立ち位置にあるといえる。

フィンテック事業は、デジタル・プラットフォーマーやDX企業など異業種からの参入が相次ぎ、競争は激しいものの、最後には銀行口座を介在する限り、ATMなど現金保有コストの削減にもなるキャッシュレス化は、地銀にとっても決して悪い話ではないのだ。

千葉銀行のちばぎんディーシーカードや静岡銀行の静銀セゾンカードなど、多くの地銀がクレジットカードの子会社や関連会社を有しており、連結業績上もプラスとなろう。

銀行口座の中抜き

ところが、その銀行口座の圧倒的な地位が崩れることになりそうだ。政府は、電子マネーでの給与支払い（ペイロール）を解禁する方針を固めており、早ければ2

０２１年度内にも実現するとみられている。

現在の労働基準法では、「賃金」は現金で支払うものと定められており、省令で銀行口座または証券口座での支払いも認めている。

厚生労働省は省令を改正して、資金決済法に基づき金融庁に登録する「資金移動業者」の口座（スマホアプリなど）への支払いも認めることを検討しているのだ。資金移動業者には、ＬＩＮＥペイやＰａｙＰａｙ、楽天Ｅｄｙ、ＮＴＴドコモなどが登録している。

給与の電子マネー払いが実現すれば、従来は現金か銀行口座への振込みだったものが、スマホアプリで給与を電子マネーで受け取り、そのまま即座にスマホで決済できるようになる。どのキャッシュレス決済手段を利用しても、最後は銀行口座からの引き落とし、という方程式が崩れることになる。

給料日に、現金を引き出すためにＡＴＭの列に並ぶ必要もなくなる。まさに、銀行口座の中抜きとなる「銀行外し」が始まることになるのだ。

電子マネーでの給与受け取りが可能になれば、預貯金や口座振替などに振り分け

図表1　ペイロール（電子マネーでの給与払い）

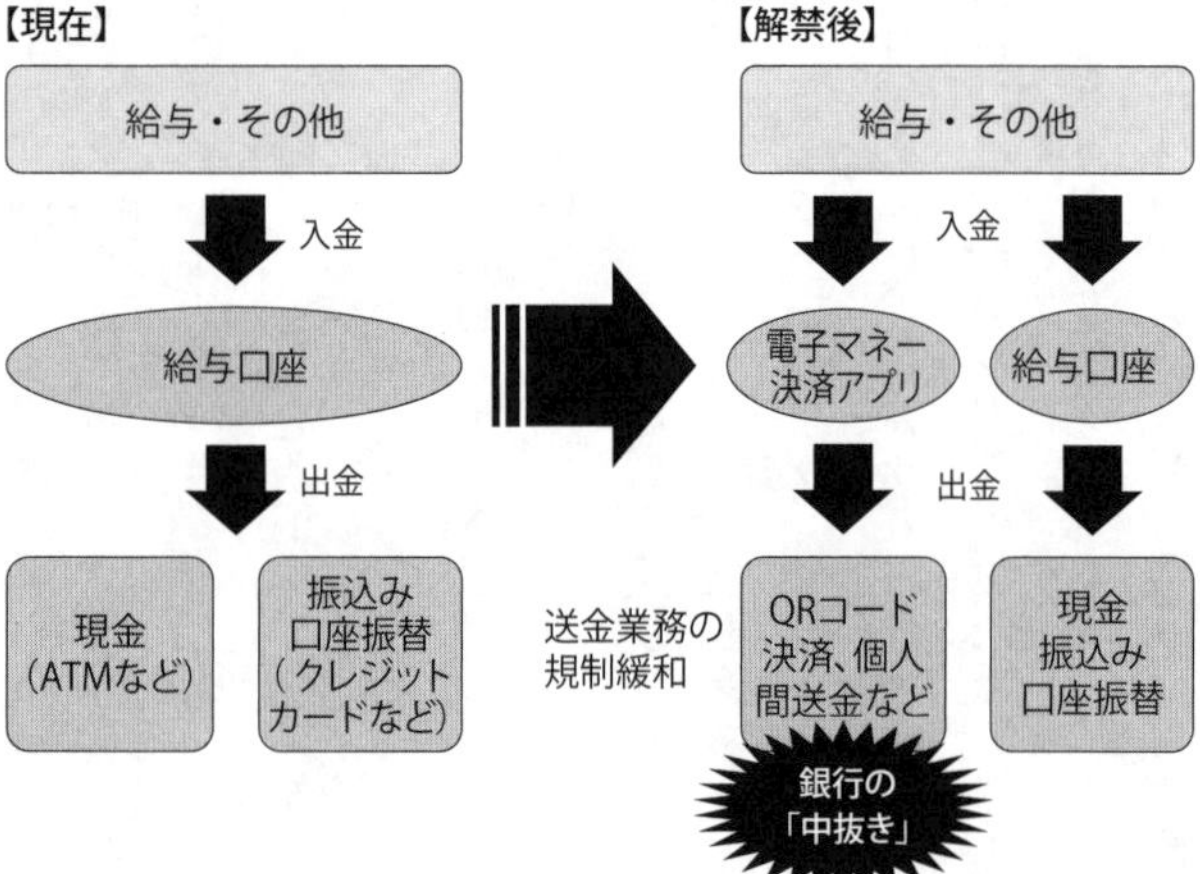

（出所）マリブジャパン

る分は銀行口座で受け取り、残りは、ＰａｙＰａｙや楽天など電子マネーの決済アプリで受け取る、というように給与の受け取り方法を使い分ける人も出てくるだろう。

銀行口座なしに給与を受け取り、決済したり送金したりできるようになるということは、銀行口座の存在感が相対的に薄らぐことを意味する。個人の給与振込み口座を押さえることで、住宅ローンや資産運用の提案につなげてきたこれまでのビジネスモデルも大きく揺らぐことになるだろう（図表1）。

スーパーアプリの登場

地銀の脅威は、ペイロールだけではない。「スーパーアプリ」の存在もある。

２０２１年３月に、ソフトバンクグループ傘下のＺホールディングス（ＺＨＤ）とＬＩＮＥは経営統合し、華々しくお披露目会見をおこなった。

新生ＺＨＤは、国内総利用者３億人超の巨大なデジタル・プラットフォーマーとなる。フィンテックを集中領域の一つと定め、ＬＩＮＥ、Yahoo! JAPAN、ＰａｙＰａｙなどを「スーパーアプリ」として強化していくという。重複する領域は「マルチパートナー」で展開する。

スーパーアプリを開けば、預金、送金、ローン、資産運用、保険などあらゆる取引がワンストップでできることになるのだ。まさに独自のデジタル経済圏が構築されることになる。新生ＺＨＤの誕生により、地銀など、既存の銀行への攻勢がより現実のものとなったのだ。

ペイロールと同様に、スーパーアプリの登場は、利用者にとっては画期的で便利になり、多くのデジタル・プラットフォーマーやDX企業などには事業拡大のチャンスとなる一方、従来型の銀行、特に地銀のビジネスモデルにおいては脅威になろう。

デジタルネイティブはスマホで資産運用

すでに、スマホの普及により、スキマ時間で簡単に投資ができるスマホアプリが続々と登場している。

ウェルスナビは、投資信託に関わる全プロセスを自動化。株式や債券など、価格や出来高などに応じて、自動的に売買注文やタイミング、数量を決めて発注を繰り返すアルゴリズム取引に基づいた国際分散投資を、ロボアドバイザーがすべて自動でおこなっている。

ユーザーは口座開設後、六つの質問に答えるだけで運用プランと最適なポートフォリオが提案され、ロボアドバイザーが自動でETFを発注する。ETFの分配金の再投資、ポートフォリオのリバランス、税金の最適化も自動でおこなう。

手数料は、預り資産の1パーセントのみ。定期的に定額の積立投資も自動で実施できる。預り資産5000億円超（2021年7月13日）、運用者数26万人（2021年3月末）にまで拡大しているという。

また、PayPay証券では、1000円から株式投資を始めることが可能で、スマホから簡単な操作だけで取引ができる。アマゾン、アップル、テスラや、ソニー、トヨタ、楽天などといった米国と日本の優良銘柄も提供しており、好きな企業の株を買うことができる。SBI証券や楽天証券、マネックス証券などといったネット証券で、日本株や米国株、投資信託やETFなどを実際に売買している個人投資家も増加し続けている。

このように、スマホアプリやネット上で完結する資産運用サービスが、デジタルネイティブ世代を中心にさらに浸透し、拡大していけば、銀行口座からの資金流出や手数料収入の減少により、既存の地銀にとって大きなダメージになる。

こうした動きに対抗するために、メガバンクや地銀などにおいても、銀行口座を起点に、家計簿アプリや口座管理アプリの充実や他社との連携もおこなっている。

とはいえ、地銀が収益の柱の一つとして注力している、店舗に来店してもらい新装したコンサルティングラウンジで行内研修を受けたＦＡ（フィナンシャル・アドバイザー、金融アドバイザー）による金融商品販売とは、競合してしまうことになる。

そもそも、どんなに高名な専門家や優秀なＦＡであっても、常に的確に株式市場などのマーケットの予想をし、最適なポートフォリオを提案するのは困難なことだ。それならば、いっそのこと機械で合理的に運用するのもありではないか。しかもスマホ上で手間がかからず、かつ安価にできるというのは大きな強みとなる。

一方で、地銀がＦＡを中心とした対面ビジネスで対抗するためには、マーケットを予想するのではなく、解説できる力や、マーケットが混乱したり、価格が急落したりした時の迅速な対応や説明、といったコミュニケーション力を磨くしか生き残る道はないだろう。

3、スマホ銀行になるか、ＤＸ企業の傘下か

ＧＡＦＡvs地銀の勝者は

ＧＡＦＡなど、デジタル・プラットフォーマーに対する規制強化の動きは欧州や米国を中心に世界中で進んでいるが、世界中のユーザーが享受してしまったサービスや利便性から離れることは、もはやできない。

ＧＡＦＡは、いまや巨大な雇用を抱え、納税額も巨額で、地域貢献する超優良企業でもある。そのため、地元自治体や政治家、ユーザーの声に押され、逆に、いま以上に規制が緩和され、銀行業への進出が容易になり、アマゾン銀行やグーグル銀行といったデジタル銀行・スマホ銀行が誕生する可能性もある。

ＧＡＦＡなど、デジタル・プラットフォーマーは、若年層を中心とした圧倒的な顧客数と認知度を持ち、銀行業以外の本業から資本投下できるスマホアプリをはじめ、デジタル・イノベーションでの優位性、組織がフラットで経営判断が速い、といった利点に加え、既存の銀行と違って、余剰人員と余剰店舗を抱えていないことが最大の強みだ。

地銀など既存の銀行は、余剰店舗と余剰人員を抱えている分、コストがかかり、仮に提供する金融サービスが同等だったとしても、収益面でも営業面でも圧倒的に不利となる。

もっとも、仮に、地銀が、店舗を通じた営業からうまくスマホ化にビジネスモデルを転換できたとしても、すでに先をいくGAFAなど、デジタル・プラットフォーマーなどとの消耗戦となり、経営スピード、テクノロジー、デジタル人材の質量で劣る地銀が、太刀打ちすることは相当困難であろう。

先にも述べたが、地銀には信用力とブランド力が残されているものの、キャッシュレス化の進展や、給与の電子マネー払いの解禁など、地銀への逆風は続いている。地銀は、GAFAなど、デジタル・プラットフォーマーやDX企業の台頭を受け入れて協調する路線を選ぶのか、それとも独自・独力で対抗するのか、岐路に立たされているのだ。

中途半端のままでは、地銀の持つ銀行ノウハウや信用力・ブランド力がうまく利用されながらも力が削がれていき、デジタル・プラットフォーマーやDX企業などの下請けとなってしまう日もそう遠くはないだろう。

この先、地銀は何をおもに収益の柱として稼いでいくのか。個人、中小零細企業といった小口取引は手間やリスクもあり、コストもかかる。また、こうした分野は、信金や信組といった協同組織金融機関がシェアを占め、顧客からの信任も厚い。さらに、コスト競争力と利便性に勝るネット銀行やネット証券、ＤＸ企業による新しいサービスも提供されてきている。

では、より優良で規模の大きい大企業や富裕層向けビジネスの強化はどうだろうか。こちらは、高度な金融技術や金融知識が要求され、メガバンクや外資系金融機関などがしのぎを削る世界である。

つまり、右にも左にもいけないのが地銀の現状であり、地銀再編で規模と体力を確保しても、稼ぐ力がなければ、どの道じり貧となるのだ。

地銀は、付焼き刃の策ではなく、店舗をゼロにしてネット銀行に転換して、ＧＡＦＡなど、デジタル・プラットフォーマーやＤＸ企業などの傘下に入り、銀行免許を活かして、グループの銀行部門として生き残る、といった大胆な経営判断を下さない限り、合従連衡の先の明るい展望は見えてこないのかもしれない。

「みんなの銀行」、地銀デジタル銀行が誕生

そうした動きは、すでに実現しつつある。ふくおかフィナンシャルグループ（ふくおかFG、福岡市）のデジタル銀行である「みんなの銀行」が、2021年5月に誕生した。口座開設から、振込み、入出金、貯蓄まですべてのサービスがスマホ上で完結できるのが特徴だ。今後3年で単年黒字、120万口座、預金2200億円、消費性ローン800億円、従業員150人の陣容を目指している。

同じグループ傘下にある福岡銀行（福岡市）などとのカニバリゼーション（共食い懸念）や、店舗と人員をどう減らしていくかといった問題はあるものの、顧客目線と収益目線を持ち、いち早くデジタル銀行の設立まで実現させた実行力は、さすがトップを走る地銀といえよう。

東京きらぼしフィナンシャルグループ（東京きらぼしFG、東京都港区）も、デジタル銀行の2022年1月の開業を目指している。スマホで口座開設や預金などを

一元管理し、証券、コンサルティング業務などグループの金融サービスもワンストップで提供するという。専用のスマホアプリでは、ＡＩを使ったチャットで各種手続きを自動化するほか、担当者らがビデオ会議を通じてきめ細かい提案やコンサルティングを提供する計画という。

さらに、第二地方銀行（以下、第二地銀）などと相次いで資本業務提携するＳＢＩＨＤによる「第４のメガバンク」構想も進んでいる。

ＧＡＦＡなど、デジタル・プラットフォーマーやＤＸ企業などにとって、普通銀行免許の取得はハードルが高く、コストと時間もかかる。普通銀行の免許を持つ地銀を買収することで、銀行業務に進出しビジネスを拡大する、という動きは今後も顕在化してこよう。

第2章　メガ地銀の誕生

1、「【期間限定】地銀再編キャンペーン」の開始

政府・日銀による三つの施策

２０２０年9月2日、当時の菅義偉官房長官は、自民党総裁選の出馬会見において、「地方の銀行について、将来的には数が多すぎるのではないか」と発言した。さらに、翌3日には、「再編も一つの選択肢になる」と述べたことで、政府・日銀による「【期間限定】地銀再編キャンペーン」が、開始され現在に至っている。具体的には、独禁法（独占禁止法）の特例、日銀の支援制度、政府から補助金支給の三つがそれである。

独禁法の特例とは、地銀同士の統合・合併等を同法の適用除外とする特例法のことで、２０２０年11月27日に施行された。

２０３０年までの時限措置であり、今後10年間にわたる適用除外の期間中には、

同一県内の地銀同士が合併し、融資シェアが高くなっても独禁法を適用しないというものである。

ちなみに、国連が定めたSDGsの17の目標（貧困をなくそう、飢餓をゼロに、すべての人に健康と福祉を、質の高い教育をみんなに、ジェンダー平等を実現させよう、安全な水とトイレを世界中に、エネルギーをみんなにそしてクリーンに、働きがいも経済成長も、産業と技術革新の基盤をつくろう、人や国の不平等をなくそう、住み続けられるまちづくりを、つくる責任つかう責任、気候変動に具体的な対策を、海の豊かさを守ろう、陸の豊かさも守ろう、平和と公正をすべての人に、パートナーシップで目標を達成しよう）の達成期限も２０３０年である。

現在、99行ある地銀のなかで、1行体制の都道府県は、埼玉県、山梨県、石川県、京都府、奈良県、和歌山県、鳥取県の7府県に限られる。ほかの40都道府県内には、2行以上の地銀が存在している。特に、福岡県の5行、静岡県の4行が多く、岩手県、山形県、福島県、東京都、千葉県、富山県、愛知県、沖縄県では3行体制である（図表2）。

図表2　地銀の都道府県別数

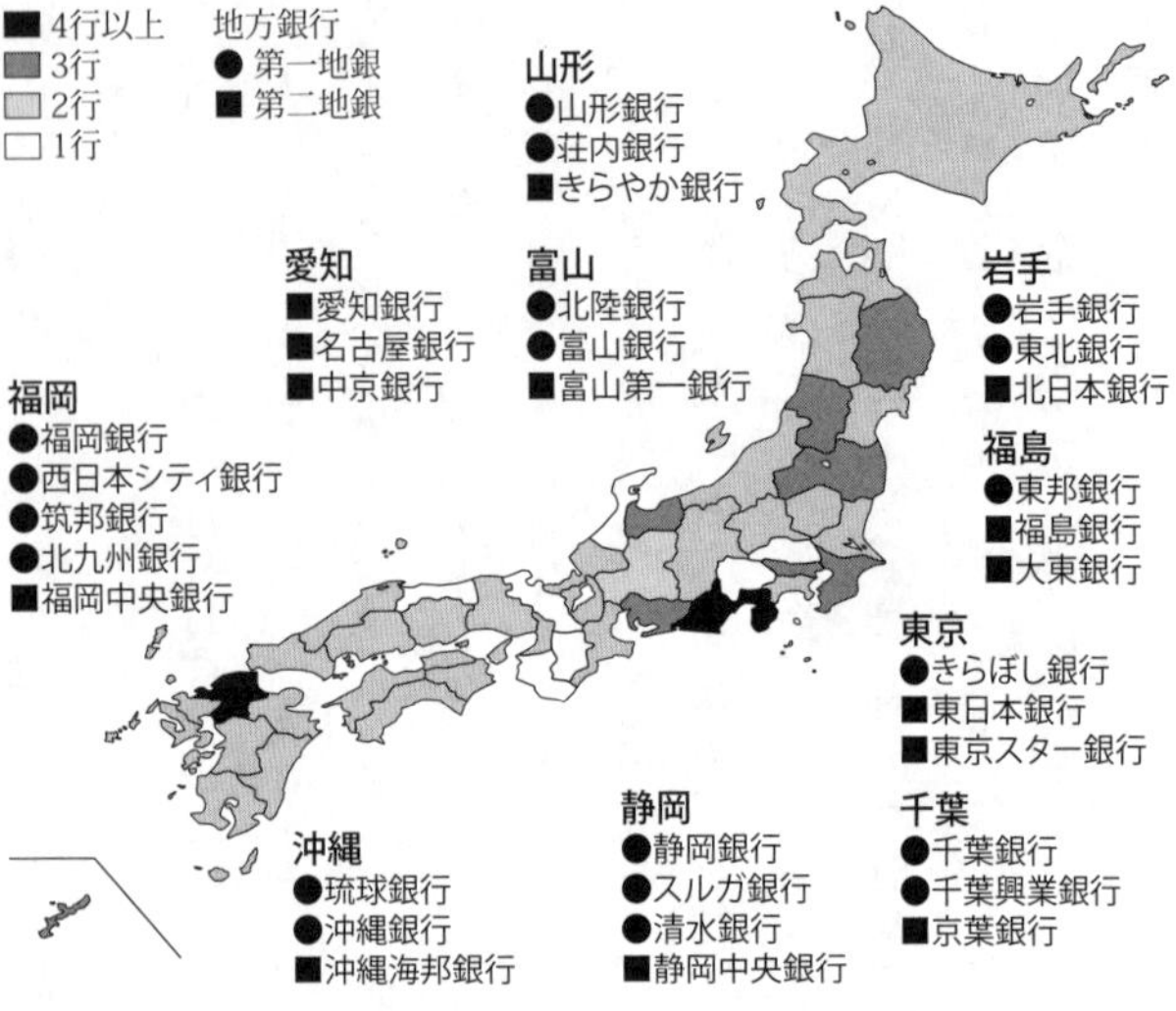

（出所）カンパニーレポート、マリブジャパン

こうした「数が多すぎる」都道府県では、地銀再編が真っ先に進むことになろう。

次に、日銀による支援制度をみてみよう。日銀は2020年11月10日、「地域金融強化のための特別当座預金制度」を導入すると発表した。地銀が、経営統合の決定か、一定規模の経営効率化を進めた場合に、日銀に預けている当座預金に0・1パーセントの金利を上乗せし、事実上の補助金を出すという異例の措置となる。

2023年3月末までの時限措置であり、期間限定で、いまのうちに合従連衡を選択すれば、金利の優遇をしますよ、という日銀からの強いメッセージである。

政府からの補助金支給とは「資金交付制度」を指す。2021年5月に成立した改正金融機能強化法により、地銀などが合従連衡に踏み切った場合、国がシステム統合などの費用を支援する「資金交付制度」が創設された。最大30億円まで国が負担するという。

まさに前代未聞の、政府による地銀への現金支給策といえよう。施行は2021年7月、地銀の申請期限は2026年3月末までとなる。例えば、福井銀行（福井市）が福邦銀行（福井市）を2021年10月に子会社化したケースでは、同法の適用が発表されている。

これら三つの施策の意味するところは、最長で10年の間は、政府・日銀としても、地銀に対して様々な支援をするので、合従連衡を推し進めてください、ということを意味する。そして、地元の企業や個人を支援し、ＥＳＧ重視・ＳＤＧｓ経営を強

図表３　公的資金を注入している地銀12行

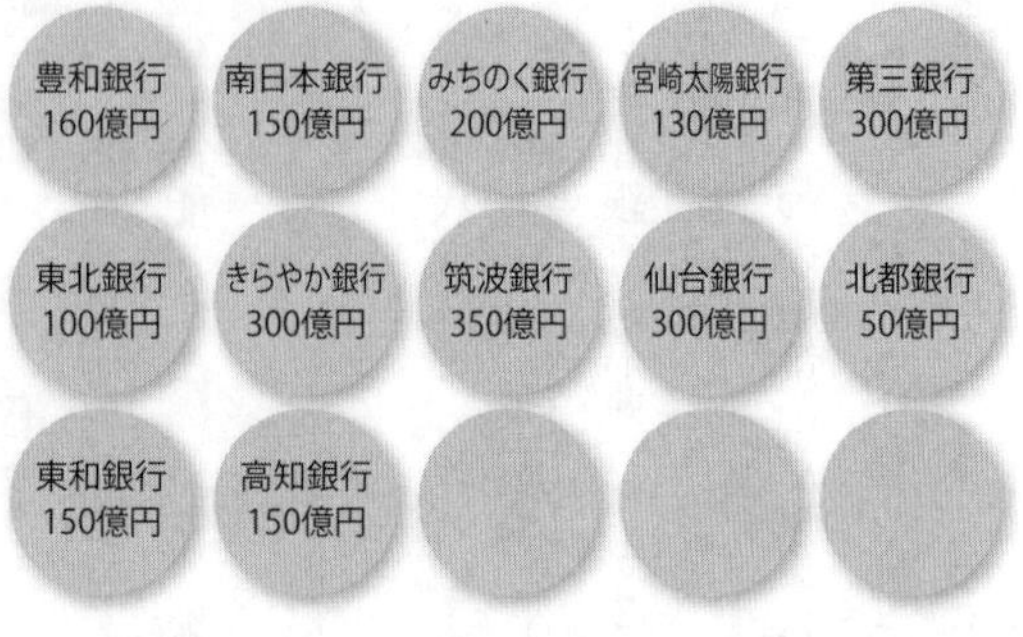

銀行	金額	銀行	金額	銀行	金額	銀行	金額	銀行	金額
豊和銀行	160億円	南日本銀行	150億円	みちのく銀行	200億円	宮崎太陽銀行	130億円	第三銀行	300億円
東北銀行	100億円	きらやか銀行	300億円	筑波銀行	350億円	仙台銀行	300億円	北都銀行	50億円
東和銀行	150億円	高知銀行	150億円								

（出所）預金保険機構、マリブジャパン　注：2021年10月１日時点

化することで地域経済の持続的な発展に主導的に貢献してください、ということなのだろう。

地銀再編と公的資金制度の存在

金融庁の氷見野良三長官（当時）は、時事通信社が主催する金融懇話会（２０２１年６月14日）において、「収益の拡大策であれ、コストカットであれ、統合再編であれ、時間軸を意識して取り組んでいただきたいという気持ちは三つの制度に共通している」「再編も有力な選択肢の一つだ」「腹を決めて取り組んでほしい」とかなり踏み込んで発言している。

加えて、「公的資金制度の延長」が実施済であることも忘れてはならない。

コロナ禍による企業支援や金融システム維持の観点から、金融機能強化法が補強

図表４　おもな地銀再編・業務提携の動き

2019年 7月	横浜銀行と千葉銀行が包括業務提携
9月	**島根銀行がSBIHDと資本業務提携**
10月	家電量販店ノジマがスルガ銀行の筆頭株主になる
	青森銀行とみちのく銀行が包括業務提携の検討開始
11月	**福島銀行がSBIHDと資本業務提携**
2020年 1月	**筑邦銀行がSBIHDと資本業務提携**
2月	**清水銀行がSBIHDと資本業務提携**
3月	福井銀行と福邦銀行が包括業務提携
4月	琉球銀行がTSUBASAアライアンスに参加
7月	TSUBASAアライアンス株式会社を設立
10月	十八銀行と親和銀行が合併し、十八親和銀行が誕生
	東和銀行がSBIHDと資本業務提携
	静岡銀行と山梨中央銀行が包括業務提携
11月	群馬銀行がTSUBASAアライアンスに参加
	りそなHDによる関西みらいFGの完全子会社化発表
	じもとHDがSBIHDと資本業務提携
2021年 1月	第四銀行と北越銀行が合併し、第四北越銀行が誕生
	福井銀行による福邦銀行の子会社化を発表
5月	三重銀行と第三銀行が合併し、三十三銀行が誕生
	筑波銀行がSBIHDと資本業務提携
	青森銀行とみちのく銀行が資本業務提携
9月	南日本銀行　第三者割当増資
10月	福井銀行が福邦銀行を子会社化
2022年 4月	青森銀行とみちのく銀行が持ち株会社設立（予定）
10月	フィディアHDが東北銀行を子会社化（予定）

（出所）カンパニーレポート、マリブジャパン

され、公的資金枠が12兆円から15兆円に増加し、申請期限も2022年3月末から2026年3月末までに延期されている。公的資金が注入されている地銀は現在12行ある（図表3）。

この先も地銀は、〝人口減少〟〝低金利〟〝デジタル化〟という三重苦により、貸出・手数料・有価証

券運用という3大ビジネスが振るわないことで、赤字が続き、自己資本が棄損すれば、さらなる公的資金の注入行が増える可能性もある。

公的資金制度の存在は、例えば、自己資本比率が低いものの、公的資金の注入による国の管理を免れたい銀行が、より自己資本が厚い銀行との合従連衡を選択する要因になるとみられる。

実際、政府・金融当局による包囲網の動きもあり、地銀の再編や提携の動きが活発化している（図表4）。

2021年1月に第四銀行と北越銀行による合併で第四北越銀行（新潟市）、同年5月に三重銀行と第三銀行による合併で三十三銀行（四日市市）が誕生したことで、全国の地銀数は100行を切り、99行にまで減っている。

「経営統合にはメリットがない」と言うトップ

こうした状況下にもかかわらず、「合従連衡は選択肢の一つに過ぎない」「単独で生き残れると思っている」「経営統合にメリットがない」といった地銀トップや専門家の発言が、未だに散見される。

確かに、再編でも単独でも、収益向上により企業価値が向上し、顧客や地元経済にとって恩恵があるならば、どちらでもいい話だ。

もっとも、もはや単独での生き残りは決して楽な道ではなく、「なぜ単独で生き残れるのか」「どのように持続的に収益を増やし、株式価値を向上させるのか」を具体的に示している地銀トップや専門家は、見当たらない。また、再編には理解を示すものの、「再編するメリットがない」「いい再編話があれば考えたい」「条件が揃えば再編もある」との声も地銀トップから聞こえてくる。

当たり前だが、受け身ではいつまでたっても好機が訪れることはない。再編相手も真剣で必死だ。自らのメリットを優先すれば、相手にはデメリットにもなる。

そもそもメリット、メリットといつから地銀は、そんなに利益や収益、株価といった、収益目線を意識した経営体制になったのだろうか。それならば、店舗や人員のリストラと業務の整理再編など、まずは自力でできる収益向上策が多数あるのではないだろうか。

「いい話があれば考える」。言い換えれば、「なかなかいい出会いがなくて」と言っていることになる。これは、酷な言い方だが、「自分たちに魅力がないので、なかなか相手が見つからない」とはいえないだろうか。

地銀の魅力は、すでに株価や業績や格付けとして反映されているはずだ。比較可能な透明性と公平性を持った指標であり、概して合理的なはずである。

もし、魅力がないことが理由なのであれば、株主や顧客、地元経済にとっても由々しき事態である。なぜ、いい条件の再編話が来ないのか、なぜ、再編に至らないのか、証券会社や投資銀行の担当者は、どうしてよい縁談話を持ってきてくれないのか、当該地銀は、よくよく考えてみる必要があるだろう。

最後に、地銀トップが再編条件によく掲げる「株主、地元、再編相手、取引先、行員などステークホルダーすべてにメリットがあること」とは、いったい何なのか。この先も、すべてが揃って満たされることはないだろう。

先を見据え、優劣を判断し、取捨選択し、決断するのが、上場する株式会社トップの仕事のはずである。その際、もっとも配慮すべきは最大のステークホルダーである株主や、銀行を利用してくれる顧客であるのは言うまでもない。

地銀はNPOでもNGOでもない

ＧＡＦＡなど、デジタル・プラットフォーマーはむろん、トヨタやソフトバンクといった多くの日本の事業会社も、株式価値を最大化するため、「規模の経済」を活かして収益性や効率性を重視した経営をおこないながら、日々しのぎを削っている。メガバンクもしかりだ。

地銀も、上場する株式会社である以上、合従連衡とリストラにより、収益力を向上させ、株価を引き上げることに集中すべきである。

リストラには、事務やシステムの合理化やデジタル化に始まり、店舗や人員、広がり過ぎた業務の整理も含まれる。そして貸出や決済といった本業に回帰するべきであろう。

現在、脚光を浴びる企業支援、地域貢献、ＥＳＧ重視やＳＤＧｓへの貢献といった施策を本気で広げたいのであれば、なおのこと、その活動原資となる利益が必要となる。

コロナ禍であっても、アフター・コロナになっても、株式会社である地銀による地域貢献とは、地域での納税と雇用創出のはずである。両者ともに地方経済の持続的な発展にも不可欠なものである。地銀再編により、規模を拡大・効率化し、収益を高めることで、より大きな地域貢献ができるだろう。

そのためには、収益と健全な財務力が必要となる。「地域の活性化」との正論のもと、採算性が示されていない地域商社や人材紹介会社など、新規事業に介入することによって「やってます」とお茶を濁し問題を先送りしている場合ではないのだ。デジタル化や異業種の参入も続くなか、顧客目線と収益目線を常に意識し、儲かるのか儲からないのか、プロフィットセンター（収益を生む部門）かコストセンター（費用となる部門）か、という視点を持つ重要性はより増している。

信金はまさに、地域代表として相互扶助の理念のもと営利を一義的目的とせず、地銀はまさに、営利を第一の目的とするものである。営利が一義ではない地方創生や地域密着の主役は、信金や信組、JAバンクなどに任せるべきであろう。

地銀は、相互扶助を理念とする信金や信組ではなく、税金で運営する地方自治体でもなく、ＮＰＯやＮＧＯでもない。

上場会社や株式会社をやめる選択も

改めて自行の立ち位置を見つめ直し、もはや上場する株式会社としての存在意義を失った一部の地銀のなかには、非上場化や、信金との合併や協同組織金融機関への業態転換を模索することも考えられる。地域における公共性も求められる地銀と株式会社制度の相性はもともとよくない。

１９８９年に、「金融機関の合併及び転換に関する法律」（合併転換法）によって、当時の相互銀行がいっせいに普通銀行に転換し、現在の第二地銀として至った。

筆者は、例えば、第二地銀などに対して普通銀行から新たなる協同組織金融機関である「コミュニティ・バンク」（仮称）への業態転換を促し、銀行法による規制からの除外と株式市場からの排除を可能とする「コミュニティ・バンク法」（仮称）を制定するといった、より踏み込んだ施策が必要なステージに入ってきたと考えている。

2、総資産20兆円、20グループ時代の到来か

総資産上位34グループ

地銀は、第一地銀と第二地銀を合わせて全国に99行ある。しかし、非上場の銀行を除き、コンコルディア・フィナンシャルグループ（コンコルディアFG、東京都中央区）傘下の横浜銀行（横浜市）と東日本銀行（東京都中央区）のように、持ち株会社のもとにグループ化されている銀行を一つとカウントすると、上場している地銀は、78グループにまでまとめられる。地銀99行と一括りに言うものの、事実上、すでに80前後のグループに収斂されているのである。

地銀の総資産規模の上位から順に、5兆円以上の34グループを並べてみた（図表5）。最大手のふくおかFGの27兆5000億円を筆頭に、めぶきフィナンシャルグループ（めぶきFG、東京都中央区）の22兆8000億円、コンコルディアFGの21兆

図表５　地銀総資産上位34グループ

	銀行名	地域	持ち株会社有無	総資産（兆円）2021年３月末
1	ふくおかFG	九州	○	27.5
2	めぶきFG	関東	○	22.8
3	コンコルディアFG	関東	○	21.5
4	千葉銀行	関東	―	17.8
5	ほくほくFG	北海道・北陸	○	16.6
6	関西みらいFG	関西	○	14.6
7	静岡銀行	東海	―	14.0
8	京都銀行	関西	―	12.2
9	九州FG	九州	○	12.2
10	八十二銀行	甲信越	―	12.1
11	西日本FH	九州	○	12.0
12	山口FG	中国	○	11.9
13	北洋銀行	北海道	―	11.8
14	ひろぎんHD	中国	○	11.0
15	群馬銀行	関東	―	10.6
16	七十七銀行	東北	―	9.8
17	第四北越FG	甲信越	○	9.7
18	中国銀行	中国	―	9.1
19	伊予銀行	四国	―	8.5
20	滋賀銀行	関西	―	7.7
21	百五銀行	東海	―	7.4
22	大垣共立銀行	東海	―	7.4
23	十六銀行	東海	○	7.2
24	東邦銀行	東北	―	6.7
25	池田泉州HD	関西	○	6.7
26	南都銀行	関西	―	6.5
27	山陰合同銀行	中国	―	6.3
28	青森銀行＋みちのく銀行	東北	予定	6.0
29	東京きらぼしFG	関東	○	5.9
30	紀陽銀行	関西	―	5.6
31	京葉銀行	関東	―	5.5
32	北國銀行	北陸	○	5.5
33	百十四銀行	四国	―	5.3
34	武蔵野銀行	関東	―	5.3

（出所）カンパニーレポート、マリブジャパン

5000億円と、20兆円クラスの地銀グループが並ぶ。総資産規模が10兆円以上の地銀グループは15もある。これら34の地銀グループは、いずれも地域のトップ地銀であり、その多くが持ち株会社のもと、多様なグループ展開をしている。証券子会社や資産運用子会社を持ち、信託業務やデジタル化対応にも積極的で、メガバンクと同じようなフルライン体制を作り上げている。

34グループということは、78グループのうち半数近くが5兆円を超える規模となる。これら34グループは、規制業種でもあり、商品やサービスの差別化が困難で、システム対応などにおいて規模の経済（スケールメリット）が働く銀行業界において、地銀は極めて有利な立場にあるといえよう。

残りの指定席は15席前後

この先も、地銀再編が進むことで、筆者は、総資産20兆円規模の地銀20グループで、総資産合計400兆円の世界になるとみている。

すでに20の指定席のうち、総資産20兆円を超える、ふくおかFG、めぶきFG、コンコルディアFGのトップ3は当確となろう。総資産が15兆円以上ある千葉銀行、ほくほくフィナンシャルグループ（ほくほくFG、富山市）もほぼ当確だ。残る15席を、総資産5兆円以上の規模の地銀29行が中心となって、さらなる合従連衡をおこなうことで、20兆円の規模を確保して、生き残りを図ることになると考えられる。

次の項目でも述べるように、地銀の再編は、今後、トップグループ同士やトップ地銀同士のいわゆる「メガ再編」も想定される。「メガ再編」の際には、地銀の側面も持つ、りそなホールディングス（りそなHD）の総資産73兆6000億円（2020年度）という規模は、一つの到達目標として意識されることになろう。

むろん、地銀99行がパズルのように、奇麗に20のグループに収斂されることは現実的ではないのかもしれない。

株式価値の向上を目指し、規模や業容を充実させ、広域化した20の地銀グループが存在する一方、それ以外の非上場銀行や小規模銀行、地域的に再編から孤立した銀行、創業者の影響が強い銀行、公的資金注入行などは、地域貢献に重きを置きながらも、当面はそのままで残るという二極化の構図も考えられるだろう。

3、メガ地銀の誕生へ

「TSUBASAアライアンス」が台風の目

政府・日銀による「【期間限定】地銀再編キャンペーン」も始まり、地銀の再編や提携の動きが活発化している。

1989年には、都市銀行など大手行が23行もあったものの、経営不振行や下位行同士の合従連衡が始まり、最後にはトップ行同士の動きとなって、3メガバンクが誕生して現在に至る。それと同じ流れが、これから地銀でも起きようとしているのである。

そのなかで、地銀再編の大本命は、総資産17兆8000億円を誇る千葉銀行を中心とした「TSUBASAアライアンス」だろう。

もともとのTSUBASAアライアンスは、2015年10月に、千葉銀行、第四

図表6　TSUBASAアライアンス

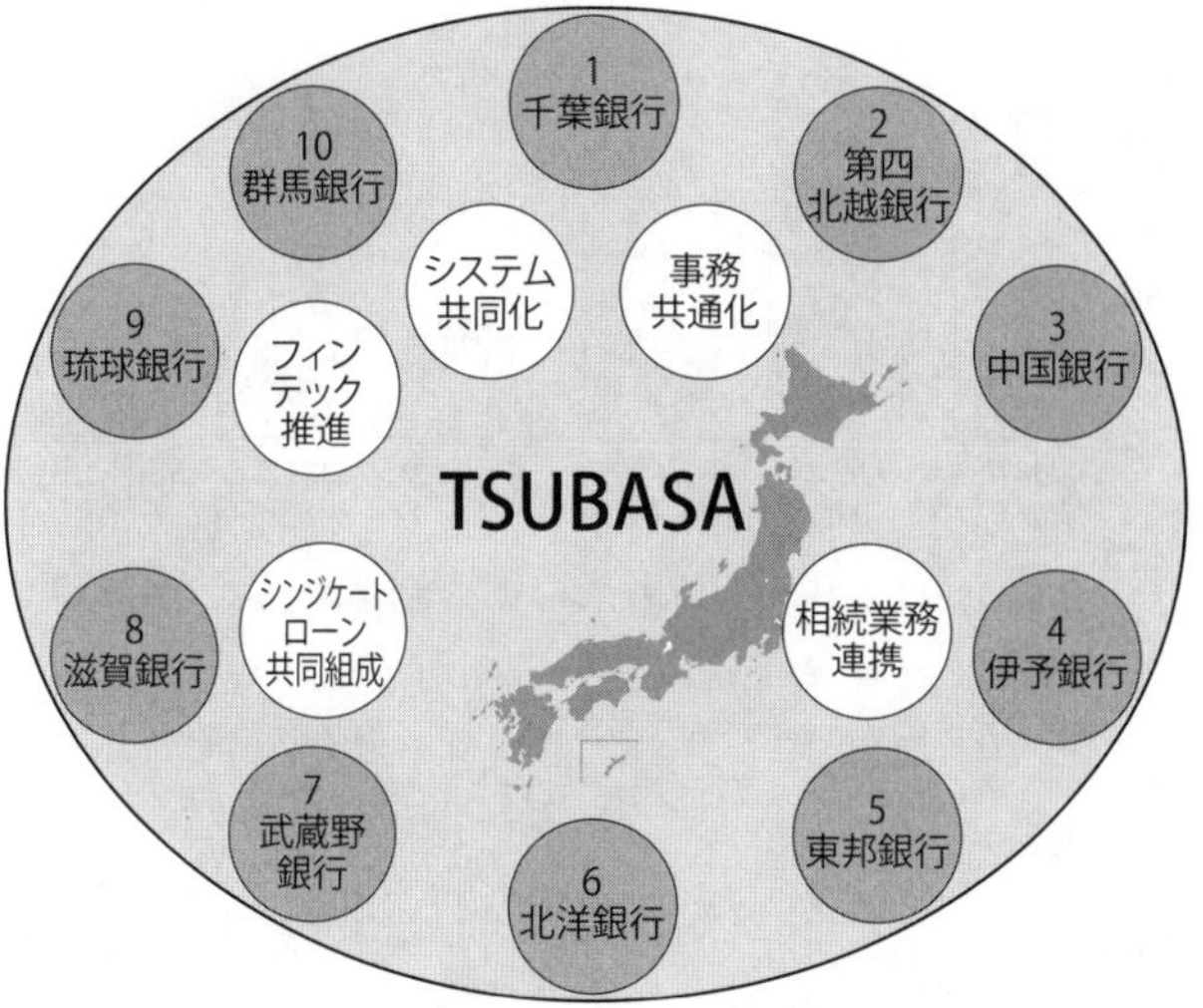

（出所）マリブジャパン

銀行（現在、第四北越銀行）、中国銀行（岡山市）の3行で発足した。その後、伊予銀行、東邦銀行（福島市）、北洋銀行（札幌市）が参加する。さらに2018年以降には、武蔵野銀行（さいたま市）、滋賀銀行（大津市）、琉球銀行（那覇市）、群馬銀行（前橋市）が加わって、10行の大所帯となった（図表6）。

仮に経営統合が実現した場合、10行の総資産合計は90兆4000億円に達することになり、地銀トップのふくおかFGの27兆

図表７　総資産規模の比較

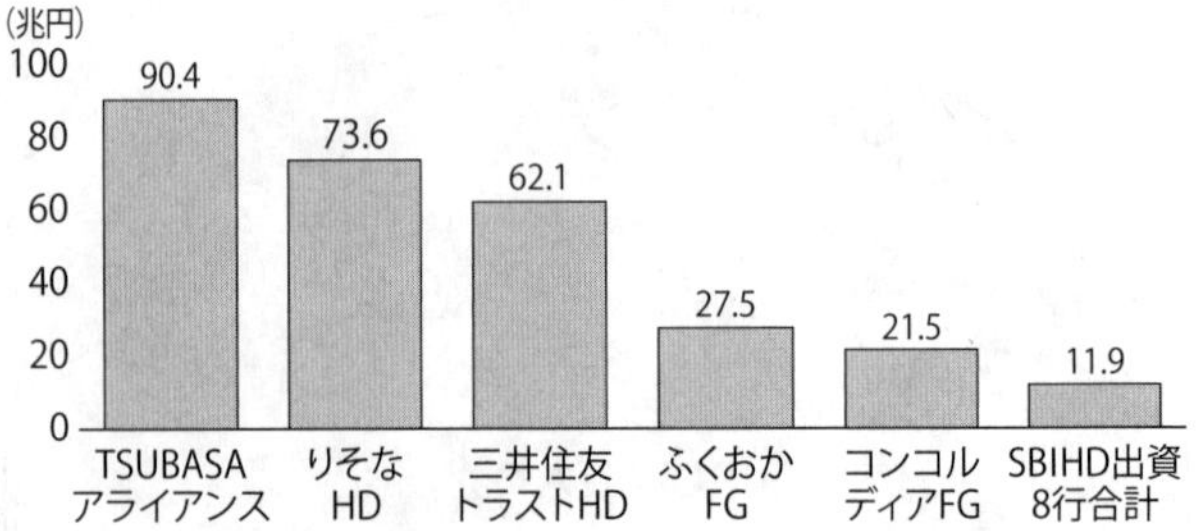

（出所）カンパニーレポート、マリブジャパン　注：連結ベース、2021年３月期

５０００億円、横浜銀行を擁するコンコルディアＦＧの21兆５０００億円を遥かに凌駕する。ただ、それだけではなく、りそなＨＤや三井住友トラスト・ホールディングス（三井住友トラストＨＤ）をも超え、３大メガバンクに次ぐ規模となり（２０２１年３月末）、質量ともに、ほかの地銀グループの追随を許さない圧倒的なメガ地銀（メガリージョナルバンク）が誕生することになる（図表７）。

銀行は、システム費用等、多額の固定費が発生するため、規模の経済が働きやすい。例えば、貸出の規模が２倍となっても、システム費用が２倍かかる訳ではなく、合従連衡による経費削減の余地が大きい業種といえる。

資産規模の拡大は、金利やサービスでは差別化が難しい銀行業において、いまも昔も変わらぬ起死回生策なのだ。

ＴＳＵＢＡＳＡアライアンスでは、基幹系システムの共同化、新システムの共同運営を基軸に、営業地域の異なる10行のネットワークを活用し、ビジネスマッチング、顧客紹介、相続関連やM&A業務の連携、共同拠点の設置、フィンテック研究なども進めている。２０２０年7月には、各行出資により「ＴＳＵＢＡＳＡアライアンス株式会社」も設立している。

システムの共同化や業務提携の動きはほかの地銀間でもあるが、ＴＳＵＢＡＳＡアライアンスは、もっとも実績があり、かつ結束が強い提携グループの一つである。

海外や他業態の合従連衡でもみられるように、地銀再編でも、救済合併や弱者連合ではなく、トップ地銀同士のいわゆる「メガ再編」がこの先想定されよう。

「千葉・横浜パートナーシップ」はカムフラージュ

ここで気になるのが、ＴＳＵＢＡＳＡアライアンスの事実上のリーダーである千葉銀行の動きだ。千葉銀行は、ＴＳＵＢＡＳＡアライアンスのメンバーである武蔵野銀行とは、千葉・武蔵野アライアンスを締結し、取引先の紹介や共同店舗の設置などで成果を上げている。

それとは別に、2019年7月には、コンコルディアFG傘下の横浜銀行との提携が電撃的に発表された。長年のライバルであり、地銀トップ同士の提携だ。両行は、「千葉・横浜パートナーシップ」を締結し、都内における法人営業の強化や運用商品の共同組成などをおこなっている。

仮に、横浜銀行が率いるコンコルディアFGと千葉銀行、さらに武蔵野銀行が経営統合すれば、総資産47兆7000億円（2020年度）と、首都圏で圧倒的な地銀が誕生するだけでなく、メガバンクの牙城にも迫ることができる。だが、残念ながらそれは杞憂となりそうだ。

これはカムフラージュであり、歴史の授業で習った中立条約や不可侵条約のようなものだからだ。

横浜銀行が、千葉銀行が率いるTSUBASAアライアンスの一メンバーとして加盟するのであれば別だが、業界の盟主を自負する横浜銀行とTSUBASAアライアンスのリーダーとなった千葉銀行において、どちらかがひれ伏す形での経営統合にまで踏み込む可能性は、ほとんどゼロに近いだろう。

横浜銀行も対抗策を打ち出す

となれば、横浜銀行はどう動くのか、横浜銀行といえども、仮にこの先、TSUBASAアライアンスの各行が経営統合すれば、首都圏での地位はおろか、地銀盟主の座からも降ろされることになる。

そこで千葉銀行が率いるTSUBASAアライアンスに対抗するために、横浜銀行が主導する連合体の形成に走ることになる。その連合体の求心力となるのが、MEJARとスカイオーシャン・アセットマネジメントだ。

横浜銀行では、ほくほくFG傘下の北陸銀行（富山市）と北海道銀行（札幌市）において、２０１１年から基幹系システムなどの共同利用システム（MEJAR）を利用している。２０２１年４月には、NTTデータとともに七十七銀行（仙台市）、東日本銀行を加えた５行で、次期共同利用システムに関する基本契約を締結し、勘定系システムのオープン化で合意している。

外為事務の共同化や、GMOペイメントゲートウェイが手掛けるQRコード決済「銀行Pay」の導入などでも緊密な関係にある横浜銀行とほくほくFGが一体化をさらに進めることで、経営統合に向かう可能性は十分にあろう。同じくMEJARに加わる七十七銀行も有力なパートナー候補である。

さらに、京都銀行（京都市）、東京きらぼしFGは、横浜銀行と三井住友信託銀行が設立した運用会社であるスカイオーシャン・アセットマネジメントに15パーセントずつ出資している間柄だ。

千葉銀行と横浜銀行、北洋銀行と北海道銀行、東邦銀行と七十七銀行、滋賀銀行と京都銀行など、両陣営の各行が隣接する長年のライバル同士であることも、TSUBASAアライアンスが経営統合に動いた場合、横浜銀行の陣営各行も対抗上、一気にメガ統合に向かう動機がある。

一見、多数参加型の経営統合は、経営決断ができないとみられがちだが、いい意味で「皆が一緒になるならそうしよう」といった合意形成、小異を捨てて大同につく決断が可能なのかもしれない。

コンコルディアFG、ほくほくFG、七十七銀行、京都銀行、東京きらぼしFGが、持ち株会社のもと経営統合すれば、その総資産規模は66兆2000億円（2020年度）と千葉銀行の陣営に匹敵する、もう一つのメガ地銀（メガリージョナルバンク）が誕生することになる。

2大「メガ地銀」誕生の可能性

仮に、千葉銀行を中心としたTSUBASAアライアンスと、横浜銀行を中心とした「スカイオーシャン連合（仮称）」が誕生した場合、資産規模の上位34グループのうち、14社が両陣営に分かれることになる。

また、ふくおかFG、常陽銀行（水戸市）と足利銀行（宇都宮市）を傘下に持つめぶきFG、静岡銀行、八十二銀行（長野市）、ひろぎんホールディングス（ひろぎんHD、広島市）といった上位行は、2大メガ地銀に参加するのか、独自路線を貫くのか、決断を迫られることになる。都市銀行がメガバンクに集約されたように、メガ再編がドミノ的にさらなるメガ再編を生む可能性もあろう。

いずれにせよ、千葉銀行が、地銀メガ再編の主導権を握っている。メガ再編を決断し、圧倒的な地位を確保する動きにできるのか否か。それとも、千葉銀行の動きを察して、横浜銀行が先んじてメガ再編に踏み切るのか。横浜銀行と千葉銀行の頂上決戦が実現すれば、メガトン級の地殻変動が地銀業界に起きることになる。

地銀メガ再編により、銀行の規模が大きくなり経営が安定することは、預金者など顧客やマーケットにとっても、顧客目線と収益目線の観点から、決して悪い話ではないだろう。

第3章　第二地銀の末路

1、第二地銀の苦難の歴史

無尽会社→相互銀行→第二地銀

人口減少、少子高齢化、過疎化に加え、日銀の低金利政策とデジタル化により、地銀が危機的な状況にあることは繰り返し述べてきた。

地銀99行のなかでも、第二地方銀行協会（以下、第二地銀協）に属する第二地銀の行く末はより深刻である。加盟行は、北洋銀行、京葉銀行（千葉市）、栃木銀行（宇都宮市）、名古屋銀行（名古屋市）などがある。２０２１年5月に三重銀行と第三銀行が合併し三十三銀行が誕生したことで、次項で詳しく述べるが、１９８９年には70行ほどあったが、現在では37行にまで減ってしまった（図表8）。

第二地銀の数が大きく減った背景には、第二地銀の誕生の歴史とも密接に関わっている。横浜銀行や千葉銀行といった地銀協に属する第一地銀62行が、最初から株

図表８　第二地銀37行

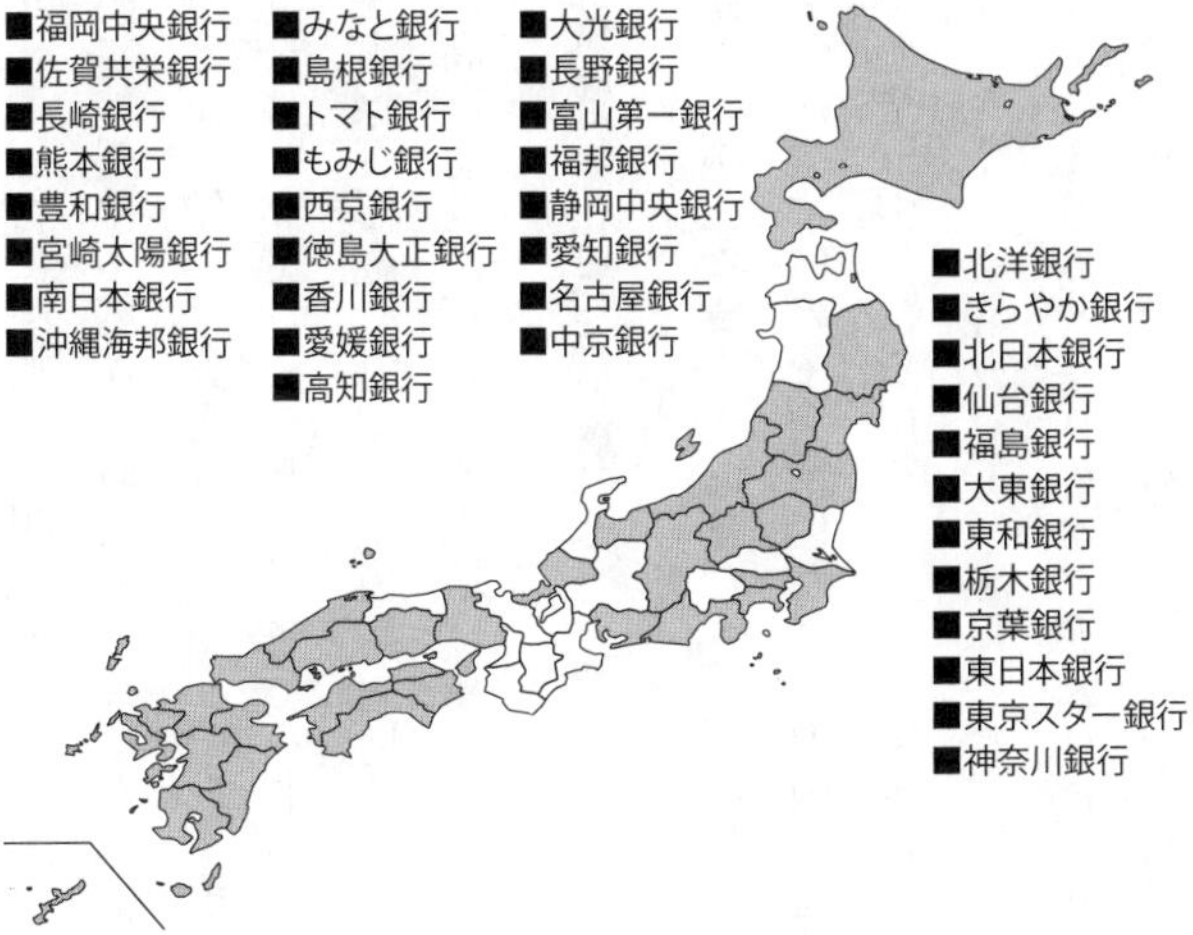

（出所）マリブジャパン

式会社の銀行として設立され営業してきたのに対して、第二地銀の源流は、無尽《むじん》にある。

無尽とは、互いの掛け金で金銭を融通することを目的とした相互扶助的な金融組織であり、庶民金融として発展してきた。第二次世界大戦後は、無尽を賭博的だとするGHQの指導もあり、１９５１年に相互銀行法が成立し、無尽会社の多くは相互銀行へと転換する。その後、１９８９年の「金融機関の合併及び転換に関する法律」（合併転換法）により、ほぼすべてが普通銀行に転換し、現在の第二地銀に至っている。

第二地銀は、庶民金融である無尽が母体となって発展してきたため、メガバンクはむろん、第一地銀と比べても、概して資産規模が小さく大企業や地元の有力企業との取引も少ない。一方で、地元の中小・零細企業との取引は、信金が押さえてきた。実際、預金や資産の規模において、第二地銀よりも大きく、地元でのプレゼンスも高い信金が存在する地域は多い。

不良債権の悪化で12行が破綻

概して優良な貸出先を持たず、資産規模も小さい第二地銀は、より外部環境の悪化を受けやすいので、常に新しい取引先を開拓せざるを得ず、結果的にリスクの高い事業や取引先に貸出をおこなってきた。そのため不良債権化しやすく、業績が悪化するケースを繰り返してきたのだ。

特に、１９８０年代のバブル期には、新規取引先の獲得のために不動産やノンバンクなどリスクの高い新興企業との取引に注力したことで、不良債権の山を築いた。

不動産業や地上げ業者、総会屋など反社会勢力などへの積極的な貸出をおこなった太平洋銀行（東京都千代田区）。個人や法人向けの不動産ローンに傾斜した京都共栄銀行（京都市）。新潟ロシア村、柏崎トルコ文化村、富士ガリバー王国といったリゾート開発やゴルフ場に貸し出した新潟中央銀行（新潟市）などが、その代表例である。

１９９５年から２００２年の、いわゆる不良債権問題に端を発した金融危機において、これら3行に加え、兵庫銀行（神戸市）、阪和銀行（和歌山市）、徳陽シティ銀行（仙台市）、国民銀行（東京都千代田区）、東京相和銀行（東京都港区）、なみはや銀行（大阪市）、石川銀行（金沢市）、中部銀行（静岡市）、幸福銀行（大阪市）と実に12行もの第二地銀が破綻し、ほかの地銀などに営業譲渡されて消滅した。

そのほか、破綻に至らなくても、業績不振により競合他行などに吸収合併されてきたことで、１９８９年に相互銀行から普通銀行に転換して誕生した70行の第二地銀は、現在の37行と半分近くにまで減ってしまったのだ。

また、こうした破綻や合従連衡などにより、青森、秋田、茨城、埼玉、山梨、石川、岐阜、三重、滋賀、京都、大阪、奈良、和歌山、鳥取の14府県ではすでに第二地銀は消滅している。

苦難の歴史はいまも続く

こうした第二地銀の苦難の歴史は、現在進行形である。不適切な融資などで業務改善命令を受けた東日本銀行では、不動産業向け与信費用の拡大による損失で、通期でも71億円の当期純損失を計上している（2020年度）。

現在、同じコンコルディアFG傘下の横浜銀行の主導で、東日本銀行の店舗削減に加え、2023年3月末までに行員数を20パーセント減らし、経費を12パーセント程度削減している最中である。

人口減少、低金利、デジタル化の三重苦のなかで、顧客基盤が弱い多くの第二地銀にとって、単独での生き残りは事実上困難であり、現在の苦境を打破するには、合従連衡しかない。

SBIHDが掲げる「第4のメガバンク」構想に参加したり、大手地銀のグループに合流したりする動きが進むことで、その数は今後も減り続け、早晩、第二地銀は消滅することにもなろう。

政府・日銀による「【期間限定】地銀再編キャンペーン」が展開され、地銀に再編を促す包囲網も形成されている。加えて、金融庁では、本業の回復が見込めない第二地銀に備え、早期警戒制度や公的資金制度などを整備し、重点的に監視を始めている。まさに、きたるべく有事に備え始めているといえよう。

第二地銀協会館の行く末

皇居より西に位置し、かつて江戸城の将軍を警護する旗本が多く住み、一番町から六番町まである日本屈指の高級住宅地が、東京都千代田区の「番町」エリアだ。桜が咲き誇る千鳥ヶ淵、英国大使館やローマ法王庁大使館、大妻女子大学など名門学校も点在する。

由緒ある超一等地に本部を構えるのが、第二地銀協である。地下鉄半蔵門線の半蔵門駅から、「荒城の月」で有名な滝廉太郎の居住地跡と示された石碑を仰ぎなが

図表９　歴代の第二地銀協会長

出身行	会長名	就任年月
北洋銀行	横内龍三	2007年6月
京葉銀行	小島信夫	2009年6月
名古屋銀行	簗瀬悠紀夫	2011年6月
栃木銀行	菊池康雄	2013年6月
北洋銀行	石井純二	2015年6月
栃木銀行	黒本淳之介	2017年6月
京葉銀行	熊谷俊行	2018年6月
名古屋銀行	藤原一朗	2019年6月
愛媛銀行	西川義教	2020年6月
北洋銀行	安田光春	2021年6月

（出所）第二地方銀行協会、マリブジャパン

ら、大妻通りを少し歩くと、3分程で第二地方銀行協会会館（第二地銀協会館）に到着する。石畳に車寄せもあり、銀行らしく重厚で威厳を感じる建物である。

第二地銀協の設立は、１９４５年の全国無尽協会にまでさかのぼる。全国相互銀行協会への改称を経て、１９８９年2月には、会員の普通銀行への転換に伴い、第二地方銀行協会と改称し、その後、一般社団法人への移行を経て現在に至っている。

第二地銀協の会長は、２０１７年以降は1年交代制となっており、２０２１年６月からは、北洋銀行の安田光春頭取が会長を務めている（図表9）。

第二地銀各行の基盤が弱く、業績不振に陥っているのは先程述べた通りだ。当然ながら、第二地銀各行が苦境であれば、その第二地銀各行からの会費で運営されて

いる第二地銀協も苦境に立たされることになる。

実際、第二地銀協の２０１９年度事業報告によると、協会事業の選択と集中の観点から、機関誌の廃刊（２０１９年度末）や通信教育事業の廃止（２０２０年度末）を決定したほか、第二地銀協会館の有効活用の観点から、会館駐車場の外部貸出を開始（２０２０年４月）している。

現地で確認してみると、第二地銀協会館の重厚で威厳を感じる建物には似つかわしくない、黄色いタイムズの看板が大きく設置されており、大宮や習志野ナンバーのハイエースなど商用車が何台か出入りしている。

さすがは番町で、駐車料金は、平日昼間だと20分４４０円、１時間で１３２０円にもなるが、場所柄、休日や夜間の利用は限られ、第二地銀協への収益寄与度も微々たるものであろう。

第二地銀協会館は、１９６１年に日本橋室町から現在の三番町に事務所を移し、１９８６年４月には、新会館の竣工をしており、今年（２０２１年）で築35年である。建て替えも視野に入るが、会員行自体が苦境に立つなか、その気配はない。また、平日に訪れてみても、会館がフル稼働で有効活用されているとは言い難い。

謄本を取り寄せてみると、第二地銀協会館の土地面積は１５２２平米に及ぶ。仮に坪単価１５００万円とすると、単純計算で、その価値は75億円を超えることになる。三番町の高台にあり大妻通りに面した整形地であるという希少性を鑑みれば、１５０億円を超える価値があるとみる業者もいる。

いずれにせよ、番町ブランドは絶大である一方、由緒ある成熟したエリアであり、この先も売り出し物件が頻繁に出てくることはない。仮に、第二地銀協会館が売りに出されれば、日本中の資産家・富裕層を顧客リストに持つ三菱地所や三井不動産などの大手デベロッパーによる争奪戦となろう。

実際には、千代田区による60メートルの高さ制限があるなど制約もあるものの、仮に、１００億円超えで売却できたとすれば、税金とその他支払いの後の売却益を、第二地銀37行で山分けできる。

例えば、各行2億円強の金額が振り込まれることになれば、特別利益計上で自己資本比率の上昇にも寄与しよう。当期純利益が１桁億円の第二地銀も多いなか、これは決して小さい額ではない。

実際、２０１９年度の第二地銀の当期純利益の合計は、前年比４割も減少していて、７２３億円である。１行当たり単純平均で20億円足らずに過ぎないのだ。

売却後の計画次第では、三井不動産リアリティが販売する元日銀寮跡地に建設が進む、現在国内最高峰とされるもっとも高額な物件（約６２７平米で67億６０００万円台、坪単価約３５６５万円にもなる）、東京・表参道の超高級マンション「ＭＡＲＱＯＭＯＴＥＳＡＮＤＯ ＯＮＥ」を凌ぐ水準での分譲も可能だろう。

コロナ禍で世界的な金融緩和が続くなか、カネ余りは続いている。日本の大手不動産デベロッパーではなく、外資系による買収も十分にあり得よう。実際、東京・南青山のエイベックスビルは、カナダの大手不動産ファンドであるベントール・グリーンオークに７１９億円で売却されている。

第二地銀業界は消滅する過程にあり、加盟する37行が連携してシステム統合や事務合理化で経費削減などが進んでいる訳でもない。第二地銀協を解散し、都心一等地にある第二地銀協会館を売却して、その利益を山分けするというウルトラCが実行されてもおかしくはないはずだ。

売却地は、大手不動産会社などにとってまたとない魅力ある場所だ。三番町の第二地銀協会館が、三菱地所のザ・パークハウスか、三井不動産のパークコートか、超高級マンションに生まれ変わる日は、そう遠くないのかもしれない。

2、第二地銀37行、三つの分かれ道

大手行・大手地銀傘下への道

こうした状況下、この先、第二地銀37行のいく道は、大手行・大手地銀グループ傘下、ＳＢＩＨＤに命運を託すグループ、行き先未定と、大きく三つに分けられよう。

大手行・大手地銀グループ傘下では、例えば、リストラ中の東日本銀行は、横浜銀行によるコンコルディアＦＧの傘下であり、東京スター銀行（東京都港区）は、台湾の大手金融グループＣＴＢＣ傘下にある。第二地銀最大の北洋銀行は、千葉銀行など勝ち組地銀によるＴＳＵＢＡＳＡアライアンスのメンバーでもある。

さらに、りそなＨＤ傘下の関西みらいフィナンシャルグループ（関西みらいＦＧ、大阪市）のみなと銀行（神戸市）、地銀最大のふくおかＦＧ傘下の熊本銀行（熊本市）、総資産10兆円を超える大手地銀グループである山口フィナンシャルグループ（山口ＦＧ、下関市）傘下のもみじ銀行（広島市）、西日本フィナンシャルホールディングス（西日本ＦＨ、福岡市）傘下の長崎銀行（長崎市）がある。

ＳＢＩＨＤによる「第４のメガバンク構想」

ＳＢＩＨＤは、第二地銀などへの出資による「第４のメガバンク」構想を打ち上げている。２０１９年９月の島根銀行（松江市）との資本業務提携を皮切りに、福島銀行（福島市）、筑邦銀行（久留米市）、清水銀行（静岡市）、東和銀行（前橋市）、じ

図表10　SBIHD「第４のメガバンク」構想

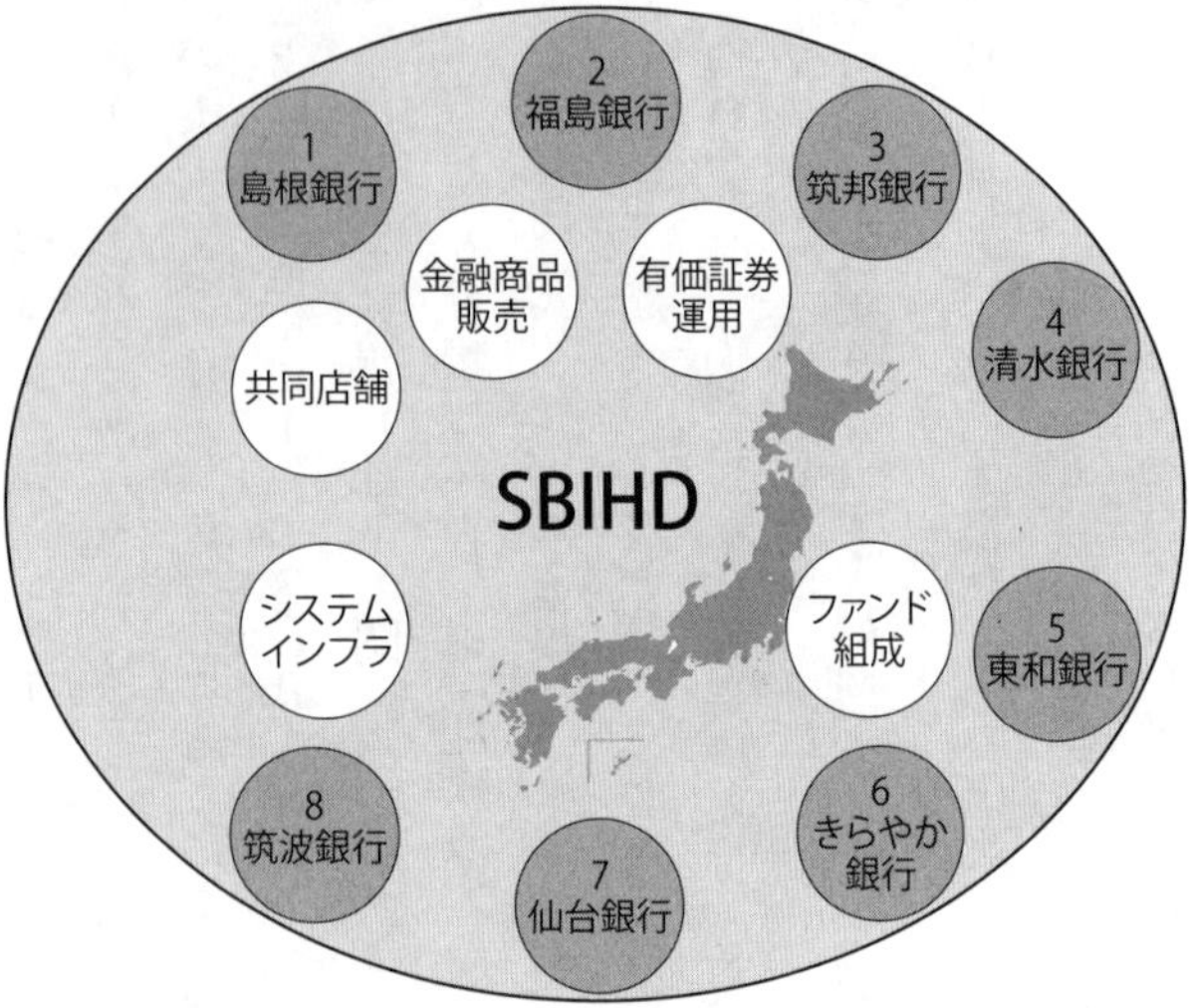

（出所）マリブジャパン

もとホールディングス（じもとHD、仙台市）傘下のきらやか銀行（山形市）と仙台銀行（仙台市）、筑波銀行（土浦市）との資本業務提携で8行目となる。

そのうち、第二地銀は、島根銀行、福島銀行、東和銀行、きらやか銀行、仙台銀行の5行が占める。SBIHDでは、最終的に10行程度とは提携を進めたいとしている（図表10）。

これら8行は、金融商品の販売、共同店舗の運営、システムインフラの整備、有価証券運用、ファンド組成などで協働している。もっとも、8行合計の総資産は11兆9000億円に過ぎない（2020年度）。地銀上位行1行程度の規模である。

先程の総資産規模（図表7参照）を見る限り、「第4のメガバンク」は、SBIHDの構想よりも、TSUBASAアライアンスのほうが、実際に経営統合した場合には、その名にふさわしいといえよう。

なお、2021年9月、SBIHDは、新生銀行に対してTOB（株式公開買い付け）を実施すると発表した。仮に、総資産10兆7000億円の新生銀行が「第4のメガバンク」構想に加わった場合、9行合計の総資産は22兆6000億円に達することになる。

現在、SBIHDと資本関係になく、金融商品の仲介業において提携する第二地銀は、愛媛銀行、京葉銀行、佐賀共栄銀行（佐賀市）、神奈川銀行（横浜市）、愛知銀行（名古屋市）、北日本銀行、宮崎太陽銀行（宮崎市）、豊和銀行（大分市）、長野銀行（松本市）、南日本銀行（鹿児島市）、高知銀行（高知市）、大光銀行（長岡市）などがある。

特に、愛媛銀行、京葉銀行、大光銀行は、SBIHDと共同店舗であるSBIマネープラザを設置するなど、より緊密に連携している。すでに資本業務提携している先の5行に加え、これら12行を足した17行が今後、一義的には、SBIHDとのさらなる連携の対象となるはずだ。

もっとも、SBIHDによる出資で第二地銀が抱える問題すべてが解決する訳ではない。本業である貸出が急回復する訳でもなく、第二地銀側による人件費や店舗削減を含むさらなるリストラが前提となるのは言うまでもない。

そして、営業面でのシナジー効果においても、例えば、「なぜ、わざわざ福島銀行や島根銀行を経由してSBI証券を使う必要があるのか」「直接、SBI証券や住信SBIネット銀行にアクセスすればいいのでは」という根本的な顧客目線の疑問は残ることになる。

非上場地銀の廃業やノンバンク化も

さらに第二地銀37行のうち、残りの13行が行き先未定となる。

大東銀行（郡山市）、栃木銀行、富山第一銀行（富山市）、静岡中央銀行（沼津市）、トマト銀行（岡山市）、西京銀行（周南市）、福岡中央銀行（福岡市）、沖縄海邦銀行（那覇市）に加え、福邦銀行、徳島大正銀行（徳島市）、香川銀行（高松市）、名古屋銀行、中京銀行である。

福井銀行の子会社となる福邦銀行、第二地銀同士のグループであるトモニホールディングス（トモニHD、高松市）傘下の徳島大正銀行、香川銀行も、合従連衡に踏み切った点は評価されるものの、もう一段の規模の拡大が期待される。

東海地方の中京銀行、名古屋銀行に加え愛知銀行に関しては、次項でこの先の合従連衡の可能性について詳しく説明したい。

なお、第二地銀における単独での非上場行は、神奈川銀行、福邦銀行、静岡中央銀行、西京銀行、佐賀共栄銀行、沖縄海邦銀行の6行である。それ以外に、トモニHD傘下の徳島大正銀行や香川銀行のように、非上場の子会社となっている第二地銀が11行あり、37行のうち、合わせて17行が非上場銀行ということだ。

むろん、非上場であっても、銀行業が株式会社で営まれている限り、収益目線を持つことはこの先も求められる。

　こうした非上場の第二地銀のなかには、創業者一族が経営し、資産規模が1兆円に満たないものもある。一般事業会社が事業承継や廃業を選択するように、第二地銀においても、例えば、自主的に廃業したり、銀行免許を返上したりして、ノンバンクとして生き残るという選択もあるのかもしれない。無尽という祖業への原点回帰でもある。

3、東海地方、地銀再編の前触れ

中京銀行のプレゼンス

　中京銀行は希望退職の募集を発表し、リストラの過程にあるが、名古屋銀行や愛知銀行などとともに、東海地方の合従連衡が予想されるなかで、その行き先が常に

図表11　東海地方の地銀7行

県	銀行名	総資産（兆円）	店舗数	（うち愛知県）	従業員（人）	メガバンク出資比率
愛知	愛知銀行	3.7	106	98	1,527	—
	名古屋銀行	4.9	115	105	1,839	三井住友2.85%、みずほ2.32%
	中京銀行	2.1	87	67	1,109	三菱UFJ39.30%
岐阜	大垣共立銀行	7.4	155	56	2,813	みずほ2.78%
	十六銀行	7.2	159	53	2,702	三菱UFJ2.72%
三重	百五銀行	7.4	124	22	2,922	三菱UFJ1.66%
	三十三銀行（三十三FG）	4.3	171	34	2,701	三井住友2.55%、みずほ1.46%
合計		**37.0**	**917**	**435**	**15,613**	

（出所）カンパニーレポート、マリブジャパン　注：2021年3月末

注目されている銀行である。

そうはいうものの、「中京銀行」という看板には注意も必要である。もともとは、三重県の無尽から出発し相互銀行を経て第二地銀となった銀行であり、いまも誕生の地である三重県の店舗は15と多い。本店のある名古屋市内には39店舗あるものの、トヨタグループが集積する三河地方、知多地方などは手薄だったりする。

実際、中京銀行の総資産規模は2兆1000億円（図表11）、預金残高で1兆8000億円、貸出残高は1兆5000億円であり（2020年度）、金融ジャーナル社によると、愛知県での中京銀行の預金シェアは1・8パ

ーセント、貸出金シェアでも3・2パーセントに過ぎない（2019年度）。県外の十六銀行（岐阜市）や大垣共立銀行（大垣市）、県内の岡崎信用金庫をはじめ、瀬戸信用金庫や碧海信用金庫といった有力信金などと比べても、地元愛知県でのプレゼンスは小さかったりする。

愛知県が、自動車など製造業が盛んで成長力ある大変恵まれた地域であることは疑いないものの、その分、「名古屋金利」といわれるほどメガバンク、地銀、信金が入り乱れての貸出競争は熾烈でもある。

十六FG傘下が最有力候補

三菱UFJ銀行が筆頭株主（39・30パーセント）である中京銀行の組む相手には、十六銀行が最有力候補として挙がろう。同じく三菱UFJ銀行が2・72パーセントの株式を持ち、システムでも連携するなど親密とされる十六銀行は、2021年10月には、持ち株会社「十六フィナンシャルグループ」（十六FG）を設立する予定であり、仮に、中京銀行を傘下に収めることになれば、総資産9兆3000億円の銀行が誕生することになる。

　三菱ＵＦＪ銀行を傘下に持つ三菱ＵＦＪフィナンシャルグループ（ＭＵＦＧ）全体の経営方針は、自己資本比率規制などリスク管理の観点からも、中京銀行を含め引き続き地銀株を手放していく、とみられる。

　実際、東海３県では、親密地銀だった愛知銀行、百五銀行（津市）の持ち株を売却している。一方で、名古屋を基盤とした旧東海銀行を含む旧ＵＦＪ出身者が力を持つ国内営業と行内基盤の維持という観点からは、当地にプレゼンスを残したい、天下り拠点を残したい、という思惑もあるようだ。

　もっとも、十六銀行は、２００２年以降、名古屋銀行、百五銀行と友好関係にある。不可侵条約、友好条約、友好協定などと各行の温度差はあるものの、３行合同のビジネスマッチングを開催するなど20年近く緩やかに連携してきたのも事実だ。名古屋銀行は十六銀行株を１・４３パーセント保有する株主でもある。

　十六銀行は地元のトップバンクであり、東海３県でも最大規模の地銀だ。プライドが高く、三菱系といわれることを快く思わない経営幹部・行員もいよう。

２０１２年９月、経営不振に陥った三菱ＵＦＪ系の岐阜銀行（岐阜市）を吸収合併した際には、不良債権など負の遺産処理に苦労した経緯から、もうこれ以上、三菱ＵＦＪから押しつけられるのは勘弁との思いもあろう。

だからこそ、まずは、中京銀行自身が、店舗と人員のリストラを進め身支度をしているともいえる。

第二地銀3行連合か

十六銀行との統合以外には、中京銀行にとって、同じ地元の第二地銀である愛知銀行に加え、名古屋銀行も合わせた3行統合が考えられよう。

3行統合であれば、総資産10兆７０００億円となり東海地区初の10兆円銀行が誕生することになる。最大手の名古屋銀行が主導権を取りたいところだが、みずほフィナンシャルグループ（みずほＦＧ）の3行統合が示すように、各行それぞれの過去の経緯や思惑もあり、なかなかハードルは高いだろう。

なお、２０２１年６月の会社説明会において藤原一朗頭取は「他行との経営統合、合併、提携は現状考えていない」としている。名古屋銀行は、創業家の力が強く、中国に南進支店を持ち、今年３月には、第二地銀初の信託業務の兼営認可を取得し、愛知銀行との店舗外ＡＴＭの共同化も発表している。

いまや地銀トップのふくおかＦＧの総資産は27兆５０００億円であり、総資産が10兆円を超える地銀は全国に15グループもある。しかし、東海３県ではゼロだ。規模の経済と競争の観点からも、総資産10兆円は生き残りに必要とされるなか、メガバンクや大手生命保険会社（生保）による地銀株売却もあり、地銀再編も希望退職募集もまだ始まったばかりだ。

第4章　店舗と人材は不要になる

1、店舗の3割削減だけで十分なのか

「店舗内店舗」方式による統合とは

銀行の有人店舗が岐路に立たされている。デジタル化の進展に人口減少、ライフスタイルの変化により、過疎地だけでなく、東京を含む都市部の有人店舗でも来店客が急速に減っているのだ。

メガバンクも地銀も、店舗機能の見直しや店舗削減をおこなっている。従来型の個人から法人まで、すべての商品・サービスを取り扱う大型のフルバンキング店舗を減らす一方、個人向け商品のみを取り扱う軽量店舗や、路面店舗ではなく家賃が節約できる空中店舗、セルフ型店舗などの切り替えを急ピッチで進めているのだ。

そのなかでも、地銀では、閉店する店舗を近隣の店舗内に移転集約するものの、店名や口座番号などはそのまま引き継ぐことで、変更手続きなど顧客の負担を減ら

す「店舗内店舗（ブランチ イン ブランチ）」方式が主流となっている。地銀上位行である横浜銀行や静岡銀行においても実施されている。

２０２０年10月に合併したふくおかＦＧ傘下の十八親和銀行（長崎市）では、２０２２年３月末までに71拠点を店舗内店舗方式で削減し、１１４拠点とする。２０２１年１月に合併した第四北越フィナンシャルグループ（第四北越ＦＧ、新潟市）の第四北越銀行では、３年間ほどで約50店舗を店舗内店舗方式で統合するという。関西みらいＦＧ、めぶきＦＧ、東京きらぼしＦＧなどほかの経営統合行でも店舗削減が計画されている。もっとも、こうした経営統合行が、店舗削減によるコスト削減で統合効果を上げるのは当然であり、既定路線でもある。

そのほか、滋賀銀行では、店舗内店舗などにより営業拠点数を２０２４年３月末までに四分の三に減らし、一部の店舗の業務を子会社に委託するインストア代理店も導入するとしている。

北洋銀行では、２０１９年度以降、すでに10店舗で店舗内店舗への移行を実施しているが、２０２０年以降、２０２３年３月末までに、さらに20店舗程度を店舗内

図表12　おもな地銀店舗統廃合計画

北洋銀行	2023年３月末までに店舗内店舗方式により20店舗程度を削減
みちのく銀行	2021年３月末までに、既存94拠点を80拠点程度に削減
めぶきFG	2022年３月末までに、現行店舗の２割程度を効率化（機能見直しを含む）
筑波銀行	2022年３月末までに、75拠点以下（2019年３月末98拠点）に削減。現金非取り扱い店舗（スマートプラザ）の積極的な導入
東京きらぼしFG	拠点数を2017年９月比約３割削減し100拠点程度に。フルバンキング店舗50程度、特化型店舗50程度
横浜銀行	店舗内店舗方式による統合。2017～19年度で合計10店舗で実施
第四北越FG	2021年１月の傘下行合併から約３年間で約50店舗を店舗内店舗方式で統合。地域単独店舗は当面維持
福邦銀行	店舗内店舗方式で削減を進める。福井銀行との共同店舗
静岡銀行	店舗内店舗方式による統合。2021年度は12店舗を削減する計画
スルガ銀行	店舗・ATM 網の最適化。広島支店、京都支店を大阪支店に、仙台支店、川崎支店を東京支店に各々統合など
大垣共立銀行	2024年３月末までに、30店程度の店舗統廃合（店舗内店舗方式）
滋賀銀行	2024年３月末までに、営業拠点を3/4程度に統合
関西みらいFG	2022年度末までに、関西圏における拠点数を370から共同店舗化の促進により280にまで統合
南都銀行	30店舗の店舗内店舗方式による統合の実施。国内拠点数は107に。隔日営業の導入（４店舗）。営業時間の変更（４店舗）。郵便局に共同窓口を設置
山陰合同銀行	2020年８～９月に33店舗の店舗内店舗方式による統合の実施。郵便局に共同窓口を設置
島根銀行	支店から出張所への変更、出張所の店舗内店舗方式による統合。21店舗6出張所が、2020年３月から20店舗２出張所体制に
ふくおかFG	2020年10月の傘下行合併（十八親和銀行）において、2022年３月末までに、71拠点を店舗内店舗方式で削減し、114拠点に

（出所）カンパニーレポート、マリブジャパン

店舗にする計画である。

南都銀行（奈良市）では、店舗内店舗で30店舗を削減し、国内107店舗としている。また、地銀では初めて4店舗で隔日営業を導入し、その他4店舗では、昼休み（昼休業）を導入する。さらに、南都銀行の店舗がない地域においては、郵便局に共同窓口を設置したり、南都銀行のATMを設置したりすることでカバーする計画だ（図表12）。

公式の店舗数が減らない理由

このように、上位地銀など多くの地銀が急ピッチで店舗数を減らしているにもかかわらず、例えば、第一地銀の店舗数の推移をみると、7776店舗（2019年度）から7754店舗（2020年度）と、この1年でたった22店舗しか減っていないのだ。いったい、どういうことだろうか。

店舗内店舗方式で移転する店舗は、独立した拠点として建物や敷地はなくなるが、支店名と勘定は、そのまま継続するため、会社概要上や支店コード上の拠点数は減少しない。先程の店舗数のカウントにおいても、基本的に支店コードが振られている店舗数の合計となっており、店舗内店舗方式で統合された店舗であっても、所在が「○○支店内」などの形で支店コードとして残っている店舗は、カウントされることになるのだ。

地域ネットワークの維持や店舗数という体面にこだわる地銀にとっては、実際には、物理的な拠点数は減っているのに、見かけ上の店舗数はそのままという都合のいい手段が、店舗内店舗方式なのだろう。

福井県では、包括提携に基づき、2020年5月、福井銀行小松支店内に福邦銀行小松支店が移転オープンした。路面店舗1階に2行が同居する全国初の取り組みだという。両行は、今後も共同拠点や拠点集約など店舗戦略における連携を進めるという。

共同店舗は、千葉銀行と武蔵野銀行の池袋支店、ほくほくFG傘下の2行（北陸銀行、北海道銀行）による東京支店、フィデアホールディングス（フィデアHD）（仙台市）傘下の2行（荘内銀行〔鶴岡市〕、北都銀行〔秋田市〕）と東北銀行（盛岡市）の

3行による東京支店でも実現しており、これらは金融庁による規制緩和で実現したものである。

なお、店舗統廃合や共同店舗の動きがある一方で、地銀99行のなかには、店舗体制の見直しそのものがなかったり、相変わらずの横並び意識からか、店舗体制や機能の見直しを打ち出すものの、未だに具体的な店舗削減計画がない地銀も少なくない。こうした点にも、顧客目線・収益目線の欠如を窺い知ることができる。

顧客にとって「できれば行きたくない」場所

なぜ、地銀は店舗の統廃合を進めているのだろうか。「人口減少にデジタル化やライフスタイルの変化により、来店客数が減ってきている」と、まるで他人事のように地銀トップの多くが事あるごとに語っている。コロナ禍もある。しかし、本当にそれが理由なのだろうか。

実は、より根本的な原因があるのだ。それは、地銀の店舗が、顧客にとって「できれば行きたくない場所」ということだ。顧客にとって地銀の店舗は「できるだけ早く用事を済ませたい」場所なのだ。「行きたい」ではなく「行かなきゃ」という違いだろう。

顧客には過去のトラウマもある。窓口を訪れても長時間待たされたり、ATMに誘導されたり、ネットバンキングを奨励されてきた。

いまさら、「店舗にいらしてください」「ぜひ相談してください」と言われても、疑心暗鬼な顧客は多い。いくら店舗を小奇麗にかつスタイリッシュに改装し、ラウンジを設け、「相談に乗りますよ」「コンサルティングしますよ」と言っても手遅れなのだ。

では、なぜ地銀は「できれば行きたくない」場所なのだろうか。それは、地銀の店舗に行っても「欲しい商品やサービスがない」ということなのだろう。だから、正直なところ「できれば行きたくない」場所なのだ。

定期預金の金利はないも同然であり、投信や保険はネットでも買える。ローン商品も魅力的なものがなく、振込み手数料や両替手数料など、手数料ばかりとられる。地銀側にも言い分はあろう。しかし、低金利政策や様々な規制や制約を言い訳にしないことだ。

是非やリスクがあるのはもちろんだが、例えば、個人向け資産運用では、米国株式、仮想通貨（暗号資産）、金（ゴールド）、不動産投資、FX、仕組債などへの資産運用や投資へのニーズは大盛況だ。

YouTubeなどSNS上には、「成功した」個人投資家の体験談や指南が溢れ返り、週末のこうした金融商品のセミナーには、オンライン開催も含め、老若男女問わず多くの人が、場合によっては有料にもかかわらず熱心に参加している。

来店客数が減少し、店舗の稼ぐ力が落ち、店舗運営の採算が合わなくなり、店舗の統廃合に追い込まれている最大の原因は、人口減少やデジタル化ではない。地銀が、魅力的な商品・サービスを店舗において用意できなかったからであり、自らが招いた結果なのだ。

地銀の、近未来店舗の究極の将来像はこうだ。

スマホ化の流れは変わらない。大多数の個人顧客も法人顧客も、スマホアプリなどで送金、預金、融資などすべての業務を完結することになる。現金の入出金に関してもキャッスレス化の進展により、コンビニATMを含めその役割は縮小していこう。スマホアプリが主流になり、店舗と人材のダウンサイジングは、この先急速に進むことになる。

しかしながら、地銀が、対面ビジネスを直ちにすべてなくすことは現実問題、無理である。例えば、経過措置として、本店または基幹店舗以外の残りの既存店舗を、タブレットなどを活用しながら、富裕層向け資産運用や法人新規開拓など、外訪営業員や在宅勤務者のための「営業員用の事務所」とする、といったことも検討できよう。生保の営業事務所のイメージだ。

ただし、その数は、大手地銀でも基幹店を中心にせいぜい10か所程度だ。ATMや現金の取り扱いの必要もなく、一般的な事業会社の事務所と同じスペックとなる。必ずしも都心の一等地や路面店といった好立地である必要もなく、デジタル化と組み合わせれば、営業担当者の直行直帰も可能となる。

メガバンクの法人営業所や、コンコルディアFGのプライベートバンキングオフィスなど、すでに事務所化している店舗例はあり、今後も事務所化は進むはずだろう。

本来、対面の顧客サービスは、銀行員が店舗で待つのではなく、銀行員が自ら足を運ぶべきではないだろうか。

コンサルティング営業や相談対応を全面に打ち出しているなら、なおさらだ。対面営業重視の究極の形は、顧客訪問であるはずだ。銀行とは違い、保険会社はずいぶん昔から、支社（営業所）と保険外交員を基本とした営業スタイルをとっている。三越や大丸など百貨店における外商の役割も参考になるだろう。

スマホアプリ+メガ店舗

スマホアプリが主流となり、過渡期として訪問営業のための営業所があるなかで、どうしても従来型の店舗を残したいというのであれば、本店や基幹店などにフルライン機能を持ったメガ店舗の構築が考えられよう。

メガ店舗とは、例えば、その1階には、証券子会社や保険代理店の窓口に加え、

図表13　地銀「メガ店舗」

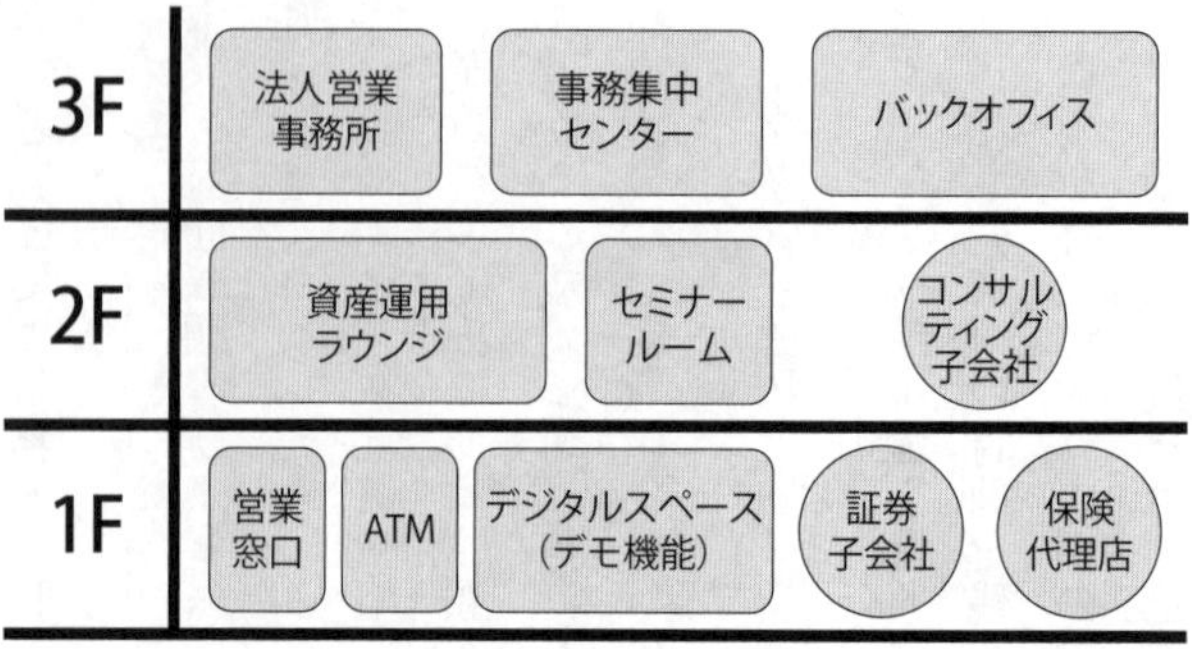

（出所）マリブジャパン

営業窓口、ＡＴＭ、貸金庫があり、ショールーム機能として、最新アプリのデモ機や、ロボアドバイザーによる診断機能などが体験できるコーナーがある。

２階には、シニア世代や富裕層向け資産運用ラウンジをメインとし、セミナールームや面談スペースも揃える。

３階には、法人営業部門に加え、営業員用の事務所、事務集中センターなどを設ける。顧客目線と収益目線を大前提に、プロフィットセンターとコストセンターを明確にし、前者にはよりよいスペース、より大きなスペースを与え、バックオフィスに代表される後者には、デジタル化や事務集中化などにより、よりコンパクトとする（図表13）。

こうしたメガ店舗が目指すのは、顧客が、車で1時間かけて行く店舗、電車を乗り継いででも行きたい店舗である。ショールームとして、また対面営業を求める顧客向けに、そこに行けばすべてが完結する、フラッグシップとなるメガ店舗を構築するのだ。

ただし、メガ店舗、つまりフルバンキング機能を持った有人店舗は、大手地銀であっても、本店を含め主要拠点に5店舗以内で十分だろう。中位・下位地銀であれば、本店のみでもいいかもしれない。

なお、店舗と人員の数は、比例する。地銀の店舗が大幅に減るのであれば、店舗を運営する人員も当然、大きく減少することになる。なぜなら、多くの銀行員は、支店や営業店といった店舗勤務だからである。

余裕があるうちに抜本的な対策を

多くの地銀が店舗ネットワークの維持を諦め、店舗統廃合を進めている。しかし、その計画ペースは現在からの延長線上のものだ。もはや地銀の店舗削減は、120店舗から100店舗とか、3割削減とかそんな中途半端なレベルの話では済まない。しがらみなくゼロベースで合理的に考えた場合、店舗は、ほとんどがスマホアプリで代替可能なはずである。

メガバンクの三菱UFJ銀行は、2017年度比40パーセント減の店舗削減を実施することを発表した。当初計画では、20パーセント減だったのが、35パーセント減になり、今回さらに40パーセント減に変更した。この先、50パーセント、60パーセントと削減が進むことになろう。地銀の店舗削減計画も同様の道を歩まざるを得ない。

顧客目線で考えれば、店舗統廃合のメインシナリオは、スマホ・ネットへの移行だ。スマホアプリとコンビニATMで銀行取引が完結するのに、わざわざ店舗に足を運ぶだろうか。

「できれば行きたくない」場所という顧客の本音や、「欲しい商品やサービスがない」という根本的な問題に向き合わなければ、あらゆる店舗政策は中途半端となってしまい、顧客の離反から、来店客の減少が続くだろう。

地銀は、地域における店舗ネットワークの維持に固執することで、営業時間の短縮→店舗機能の縮小→店舗の魅力低下→店舗の収益力低下→さらなる来店客の減少、という悪循環に陥るとともに、店舗統廃合に伴う減損処理により経営体力も奪われることになる。

そして、ますます店舗の統廃合を進めざるを得ないという負のスパイラルに陥っているのだ。さらに、ネット銀行やスマホ証券、デジタル・プラットフォーマーなどによる攻勢もあり、既存の有人店舗が全滅する可能性すらある。店舗がゼロになるということだ（図表14）。

地銀は、スマホ完結と訪問営業が主流となるのを見据え、デジタル人材の確保に注力し、スマホやネットですべて完結する仕組みと普及に力を入れるべきではないか。業法やコストの問題はともかく、技術的には、すでにほぼすべての銀行サービスはスマホで完結できるはずである。

デジタル化の動きや異業種の進出が続くなか、地銀がネット・スマホ銀行に転換

図表14　地銀店舗の負のスパイラル

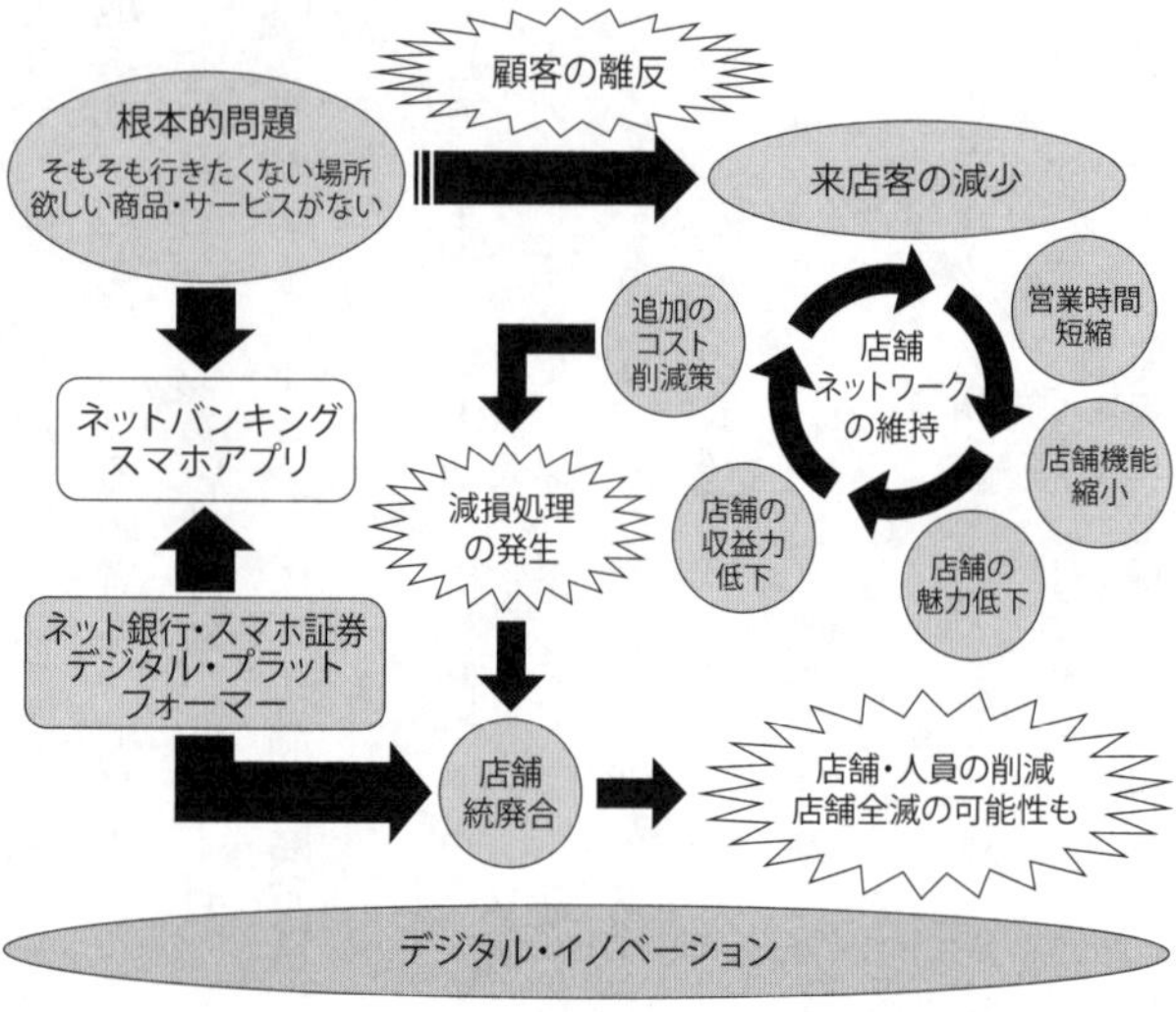

（出所）マリブジャパン

することも考えられる。ふくおかFGが「みんなの銀行」を設立したように、この先、地銀によるネット銀行の設立や転換が続く可能性もある。

方向性は正しいが、既存銀行の店舗が残れば、グループ全体では収益性で劣り、カニバリゼーションを起こすことにもなる。仮に思い切って店舗を半減したところで、店舗がなく余剰人員もいないネット銀行やネット証券とのコストの差は大きい。

預金量4兆4303億円と地

銀中堅行並みの規模であり、ネット銀行業界第2位の大和ネクスト銀行は、店舗ゼロで役員を含め従業員は95名しかいないのである（2020年度）。

店舗の逐次削減や軽量転換で、縮小均衡を続け、顧客離反と異業種による攻勢を受けた低迷を避けるためにも、地銀は、店舗をゼロとして、ネット・スマホ銀行に転換するぐらいのドラスティックな経営判断が求められている。

2、本店の建設と乱立する超豪華な研修施設

腑に落ちない本店・本部の建設

このような厳しい状況下、地銀の店舗統廃合が進んでいるにもかかわらず、不可解なことに、地銀の本店・本部の新築ラッシュが続いているのだ（図表15）。

新築すれば、当然ながら、建築費に加え、建物の減価償却費も新たな負担となる。

図表15　地銀の本店・本部新築ラッシュ

肥後銀行（2015/5）	大光銀行（2018/12）
京葉銀行（千葉みなと本部）（2015/5）	香川銀行（2019/10）
富山第一銀行（2015/6）	鹿児島銀行（2019/10）
徳島銀行（2015/7）	富山銀行（2019/11）
沖縄海邦銀行（2015/12）	阿波銀行（2019/12）
百五銀行（2016/1）	千葉銀行（2020/11）
静岡銀行（しずぎん本部タワー）（2016/3）	福井銀行（2020/12）
島根銀行（2017/2）	広島銀行（2021/1）
荘内銀行（2017/7）	武蔵野銀行（2021年秋）予定
東京都民銀行（2017/9）	琉球銀行（2025/4）予定
	山形銀行（2025年秋）予定
	北海道銀行（2030年）予定

（出所）カンパニーレポート、マリブジャパン

店舗の統廃合が急ピッチで進み、店舗の減損処理もおこなわれているなか、本店・本部の新築とは驚くばかりだ。

そもそも地銀全体が、赤字体質とみなされ、業績の改善が見込まれなければ、この先、店舗だけでなく、本店・本部やシステムセンター、研修施設など共用施設も減損対象となるはずだ。

むろん、老朽化や耐震対策、防災拠点化、本部機能の集約、働きやすさや顧客利便性の改善、地域の賑わい創出や市街地活性化など、本店・本部の新築には理由が色々とあるのは分かるが、やはり腑に落ちない。

これら地銀は、従来型の巨大な本店・本部

を新築することがなぜ必要なのかを問われるべきであり、株主や顧客に説明する責任がある。新築した本店・本部が新たな収益を生むのであろうか。本店や本部は、例えば、賃貸やリース物件では収益の足かせになるのだろうか。

残念ながら、こうした地銀が、デジタル化が進展するなかで、現在の形のままで生き残る可能性は低いだろう。

そもそも「本店・本部は司令塔ながら、基本的にはコストセンター」でもあり、概して顧客との直接的な接点も少ない。本店・本部に陣取る総合企画部も人事部も総務部も、そして営業推進部も直接的には収益を生まない部署だ。裏を返せば、本店・本部の組織を少数精鋭とし、スリム化・効率化すれば、収益を向上させることもできる。

本店・本部機能は、業務のデジタル化などで縮小化し、最小規模とするべきであり、例えば、事務・システムセンターとしての役割をより明確化することなどが必要なのだろう。

地銀会館も建て替えへ

だが、本店・本部の新築ラッシュは地銀だけではないようだ。地銀業界の総本山である地銀協でも本部の建て替えの話が上がっているのだ。

正式には、地銀協は一般社団法人全国地方銀行協会という。設立は1947年、加盟行は現在62行。横浜銀行、千葉銀行、静岡銀行、福岡銀行といった各県を代表するいわゆる第一地銀、大手地銀といわれる銀行が加盟する由緒ある組織である。

地銀協では、行員向けの研修だけでなく、会員行の意見をとりまとめて提言をしたり、新たな金融商品や経済の動向についての調査・研究などをおこなったりしている。

地銀協の歴代会長は、かつては、大蔵省事務次官出身の横浜銀行頭取と日銀の理事出身の千葉銀行頭取が交互に会長を務めていた時代もあった。だが、いまは有力地銀5行（横浜、静岡、千葉、福岡、常陽）の生え抜きの頭取による1年ごとの輪番制となっており、現在の会長は、静岡銀行の柴田久頭取が務めている（図表16）。

一部には、シンクタンクとしても業界圧力団体としても、そして銀行員の研修機関としても、中途半端な地銀協の存在意義を問う声もある。

日本経済新聞（2021年5月31日）によると、地銀協は、老朽化した地方銀行会館（地銀会館）を建て替える検討に入ったという。

図表16　歴代の地銀協会長

出身行	会長名	就任年月
横浜銀行	小川是	2007年6月
静岡銀行	中西勝則	2011年6月
千葉銀行	佐久間英利	2012年6月
福岡銀行	谷正明	2013年6月
常陽銀行	寺門一義	2014年6月
横浜銀行	寺澤辰麿	2015年6月
静岡銀行	中西勝則	2016年6月
千葉銀行	佐久間英利	2017年6月
福岡銀行	柴戸隆成	2018年6月
常陽銀行	笹島律夫	2019年6月
横浜銀行	大矢恭好	2020年6月
静岡銀行	柴田久	2021年6月

（出所）全国地方銀行協会、マリブジャパン

日銀本店から至近の距離にある地銀会館は、築60年で、月1回、第一地銀の頭取が一堂に会する定例会合などに使われている地銀協の本部だ。複数の関係者によると、協会側は補修したうえで継続使用、建て替え、売却の3案を理事会に諮ったという。

また、地銀協が持つ合同研修所の売却話も出ているという。

東京駅から三鷹駅までは、ＪＲ中央線快速で33分で到着する。三鷹といえば、かつては雑木林や畑が広がり、当地で暮らし１９４８年に入水自殺した太宰治の墓や記念碑、ゆかりの地跡が点在する場所でもある。雑多な駅南口界隈からタクシーに乗り、バスに自転車に歩行者が溢れる商店街を通り約10分でたどり着くのが、地方銀行研修所（合同研修所）だ。

広大な敷地に中庭を囲んで宿泊施設や独身寮もあり、まるでホテルのように立派である。地銀協によると、個別行で対応が難しい専門的な集合研修を、若手や中堅、管理職、役員などの階層別、法人取引や個人取引など業務別に、計50程度扱っているという。

しかし、日本経済新聞（２０２１年1月7日）によると、地銀協は、この合同研修所を売却する検討に入ったという。同研修所は築40年程で、２０３０年代半ばまでに20億円近くの補修費が必要となる見込みながら、コロナ禍の影響もあり、加盟行から集める利用料で補修費を賄えない見通しになったからだという。

実際、２０１９年度の稼働率は25パーセント程度にとどまったようだ。地銀協は、この合同研修所を早期に売却し、地銀協の本部を建て替える場合には、この売却で得られる資金もあてる計画だという。

豪華な研修施設も続々と誕生

地銀協による合同研修所の売却の裏には、老朽化やコロナ禍のほかに、実は、別の大きな理由がある。それは、大手地銀を中心に、自前で巨大な豪華研修施設が続々と誕生しているからだ。

人口減少と低金利下で、構造不況業種といわれ、政府や日銀による圧力もあり、地銀再編が叫ばれ、店舗や人員のリストラが進行しているにもかかわらず、豪華な研修施設の新設とは、本店・本部の新築ラッシュと併せ、なんとも驚くばかりだ。

特に、地銀の「3大豪華研修施設」として、静岡銀行「研修センター」、京都銀行「金融大学校桂川キャンパス」、西日本シティ銀行（福岡市）「ココロ館」が挙げられる。

地銀協の会長行でもある静岡銀行の研修センターは、新本部棟の南側にある8階建てで、360名を収容できる大会議室や、営業店を模したフロア研修室などを備えている。また、200名以上を収容できる宿泊室や、利便性と快適性に配慮した食堂・カフェ・休憩スペースを併設し、「従業員の成長と満足を実現する施設」「さまざまな人材交流を実現する施設」として活用しているという。

京都銀行では、2014年4月に、約56億円をかけて新研修施設「金融大学校桂川キャンパス」を完成させた。500人を収容できる大ホール、模擬店舗、機械研修室、和室研修室、241名を収容できる宿泊室、食堂、ラウンジなどを備えている。

西日本シティ銀行は、2017年3月、旧研修所などを建て替え、新しい研修所や独身寮などを備えた「ココロ館」を福岡市中央区に開館している。

地上12階地下1階で、敷地面積8583平米、延床面積約1万8200平米に及ぶ。1階にはエントランス、ラウンジのほか、歴史・文化サロン、学習室、行員専用の図書室には金融関係中心に約2500冊の蔵書がある。

2階は、セミナー開催のための大ホール(288席)、研修室があり、広大なルーフガーデンとカフェは地域交流の拠点となるように開放されている。
3、4階には、実際の店舗に導入している最新鋭システムを用いた研修ができる模擬店舗や端末研修室、PC研修室があり、新人向けの研修など、行員の能力向上や専門人材の育成が図られている。
さらに8階から12階には、男女別の独身寮、コミュニケーションスペース、多目的ダイニングなどがあるという。なお、地下1階には、多目的アリーナ（体育館）、剣道場、柔道場まで完備されている。

これら「3大豪華研修施設」以外にも、北海道銀行のほしみ研修センター、滋賀銀行のしがぎん浜町研修センター、紀陽銀行（和歌山市）の紀陽研修センター、ふくおかFGの人材開発センターなど、ほとんどすべての地銀が、グラウンドや宿泊施設に模擬店舗や食堂のある立派で豪華な研修施設を所有しているのだ（図表17）。しかも複数の研修施設を有する地銀も多い。

地銀の雄である横浜銀行も負けていない。2021年3月に、川崎支店が入る「横浜銀行川崎ビル」（地上10階、地下2階建て）内に宿泊研修施設「はまぎんラー

図表17　おもな地銀の研修施設

銀行名	施設名	新設・竣工年月
静岡銀行	研修センター	2009年２月
京都銀行	金融大学校桂川キャンパス	2014年４月
西日本シティ銀行	ココロ館	2017年３月
北海道銀行	ほしみ研修センター	2009年２月
横浜銀行	はまぎんラーニングセンター	2021年３月
滋賀銀行	しがぎん浜町研修センター	2008年12月
紀陽銀行	紀陽研修センター	2020年３月
ふくおかFG	人材開発センター	2007年２月

（出所）カンパニーレポート、マリブジャパン

ニングセンター」を開設している。

研修室が全12室あり、すべての研修室にWeb会議システムを設置しており、リアルとオンラインを組み合わせたハイブリッド型研修も可能である。４階の一部から10階が研修施設であり、カフェテリアや宿泊スペースもあるという。

このように、都心から離れ、不便な三鷹の地銀協の合同研修所を使わなくても、自前の豪華研修施設を競うように新築したことで、合同研修所が、無用の長物になってしまったのが、合同研修所の売却に関する報道の真相といえよう。

研修という名の「お勉強ごっこ」

ところで、各地銀は、業績不振のなかにあり、

店舗の統廃合や人員削減もおこなっていることは繰り返し述べてきた。それにもかかわらず、なぜ、このような豪華研修施設を新設してまで、研修をおこなうことが必要なのだろうか。

自前の豪華研修施設での缶詰研修ではなく、取引のある地元の老舗ホテルや旅館を借り切っておこなうとか、他県にある業務提携先の地銀の取引先ホテルや施設を利用して研修するとかしたほうが、有意義な機会になりそうだが支障があるのだろうか。

銀行員といえば、研修、研修また研修。立派な設備も完備でそれ研修――。銀行業務とは、そんなに複雑かつ難解なのだろうか。

デジタル化や自動化に外注化で、むしろ行員の業務は簡略化されているはずなのに不思議な話だ。または、銀行員は、そんなにも覚えが悪いのだろうか。余計なお世話だが、研修や勉強で得た知識を実践で活かす前に、異動、定年または退職とならないことを願うばかりだ。

当たり前だが、何でもかんでも研修すればいい訳ではない。本人のやる気も、適性もある。そもそも練習と実践はまったく違う。どんなに豪華研修施設で座学研修をし、資格を取得したり、ロールプレイングで研修したりしても、実務や実践で役に立つとは限らない。

人事部や営業推進部など、本部主導による過剰な受け身研修や勉強会で均質化された銀行員が、百戦錬磨の企業経営者の貸出ニーズ、金融リテラシーの高い富裕層や資産形成層の運用ニーズに対して、どれほど機敏に対応できるのだろうか。はなはだ疑問である。

地銀は、上場する株式会社であるにもかかわらず、研修施設や研修制度の導入が費用対効果やコストの面から語られることもない。ここでも収益目線がないのである。

研修という名の「お勉強ごっこ」ばかりで自己満足してしまい、稼ぐ力が伴わず、業績にほとんど反映できていないといったら、少し言い過ぎだろうか。

3、デジタル人材不足と早期退職制度の導入

デジタル人材の採用は可能か

地銀では、人員削減の一環として、新卒採用者数を絞り込んでいる。その一方で、デジタル化に対応できるデジタル人材を揃える必要にも迫られている。

先程紹介した豪華な自前の研修施設でも、デジタル化に関する研修は、どの地銀も緒についたばかりだ。もっとも、こうしたデジタル人材に関しては、特に、自前の人材をいくら行内研修や外部派遣で育成しようとしても限界があるのも事実である。外部からの中途採用や、既存行員に対して専門職としてのインセンティブ供与が本質的な解決策ともいえる。

フィンテックやキャッシュレスを導入したものの、動かす仕組みを理解し、アップデートできる銀行員は数える程しかなく、結局、提携するシステムベンダーや新

興IT企業など異業種に丸投げし、ブラックボックス化するという。基幹システム開発でもみられた過去の二の舞を避けるためにも、自前のデジタル人材の確保は欠かせない。

デジタル人材とは、具体的には、システム企画開発はむろん、クラウド、システム、ビッグデータ、サイバーセキュリティ関連の専門職、データサイエンティスト、金融工学・統計学専門職、アプリなどデジタルプロダクトデザイナーなどを指す。

世間でも大きく批判されたみずほFGの大規模なシステム障害（2021年2月）に隠れているが、同時期に前後して、静岡銀行や鹿児島銀行（鹿児島市）、NTTデータによる地銀アプリなどで、システムトラブルが発生している。メガバンク同様、地銀におけるデジタル人材の育成と確保は喫緊の課題である。

デジタル人材以外では、コンプライアンス専門職、資産運用アドバイザー、事業承継・相続に関する専門職なども、地銀にとってこれから中途採用が必要な人材である。

デジタル人材の採用は、比較的若い年代の採用者に高額の報酬を支払うことになるケースが想定されるため、人事制度・職種構成の再構築、人件費の効果的な配賦の見直し、事実上の年功序列制や終身雇用を前提としてきた地銀カルチャーそのものの変化をもたらすことになる。

もっとも、「なぜGAFAや大手DX企業でなく、わざわざ地銀に」「なぜ、起業するのではなく、地銀に就職するのか」という素朴な疑問点が解決されない限り、地銀のデジタル人材の採用は苦戦するはずだ。

優秀とされるデジタル人材にとって、あまたある選択肢のなかで、特別な事情か思い入れがない限り、わざわざ地銀という硬直化した組織に好んで入るもの好きはいないだろう。

解決策は、シンプルながら、高待遇の提示だ。報酬はむろん、デジタル人材が求めるのは自由度だ。業務における権限、勤務体系、勤務時間、副業や兼業是認、福利厚生など柔軟な対応が必要となるだろう。

デジタル人材の受け入れを見越して、地銀各行でも副業・兼業を解禁する動きが出てきている。行員が、自ら経営する事業や起業、業務の委託、他社の役員就任、親族の事業への参加に加え、一定条件のもと他社と雇用契約を結ぶことなどが想定されるだろう。

クリエイティブになれと言われても

地銀におけるデジタル化の最大のメリットは、顧客の利便性向上ではなく、人員削減によるコスト削減効果だろう。

銀行は、AIやRPA(ロボットによる業務効率化)導入などに伴う業務量削減によって生じた余剰人員を営業現場に投入し、コンサルティング業務を強化するという。だが、果たして事務やバックオフィス、本部にいた人材が、いきなり営業の最前線で、従来以上に専門知識や顧客配慮が求められる法人向けビジネスや、個人の資産運用の相談において活躍できるのだろうか。また、本人はそれを希望しているのだろうか、という疑問が残る。

いままでずっと長期的な安定を重視し、ジェネラリストとして働いてきた銀行員に、急にコンサルティング力やIT力にクリエイティブまで、すべてを求めるのは酷であり、一種のパワハラだといってもいい。

近年、「ジェネラリストに価値はない。全員がスペシャリストになれ」「これまで比較的単純な作業に従事してきた行員を、よりクリエイティブな仕事に振り向ける」といった銀行トップの発言も目につく。

しかし、事実上の年功序列と終身雇用という暗黙のルールのなかで、２年から３年での異動を繰り返し、様々な研修を受け、色々な職場を体験するジェネラリストを意図的に養成してきた地銀とその行員に、急にそんな大転換が可能なはずもない。

デジタル人材育成のため、行内での研修を充実させるというが、クリエイティブな職種であればあるほど、研修や資格ではカバーできない経験とセンスといったものの比重も大きくなるのだ。

一律の新卒採用をやめる時が来た

地銀には、デジタル人材の中途採用を強化する一方、新卒採用を原則廃止する施策も必要となろう。銀行業務のスマホ化・デジタル化で店舗が削減され、余剰人員が増えているのに、新卒一括採用を続けるのは背任行為ともいえる。

とりあえず新卒を採用しておくという体質は、とりあえず老朽化した本店や研修所は建て替えておこうという発想と同じで、愚策であり、とりあえず採用された者はたまったものではない。

地銀が、地元での新卒採用を率先して廃止し、通年採用と専門職採用を主とすれば、形骸化している大学生や高校生の就職活動のあり方も大きく改善されるはずだろう。減少しているとはいえ、大量採用をおこなっている地銀には、地域の就活を変える力があるはずだ。

地銀のスマホ化と業績低迷が進むなかで、新卒採用の抑制や定年退職など自然減だけでは対応できず、雇用維持が前提のビジネスモデルは間もなく崩壊する。

その結果、先にも述べたが、中京銀行が先陣をきった早期退職制度という名の人員削減が、現実化している。他の地銀でもこれから雪崩を打って進むことになろう。

表向きは、セカンドキャリア支援制度、チャレンジ・キャリア制度、起業・独立応援などもっともらしい前向きな名前となろうが、要は早期退職制度である。

また、限られた予算内で、デジタル人材の採用にあてる高額な人件費を捻出するためにも、銀行の余剰人員に転職を促す仕組みが必要となる。転職・起業独立・キャリア支援に加え、銀行による人材紹介業が解禁されたことで、銀行員に地元企業などへの転職を促す「地域の人材供給バンク」となることも必要となってくる。

銀行による人材紹介業が2018年に解禁され、横浜銀行、広島銀行など多数の地銀が参入している。その多くは、リクルートやパソナなど大手の人材紹介会社と提携し、後継者や人材不足で困っている地銀の取引先企業を、業務提携したリクルートやパソナに繋ぎ、彼らの人材登録リストから最適な人材を紹介する。そして、成約した場合には、地銀は、紹介手数料を受け取るという形になる。

もっとも、この形だと「なぜ、わざわざ地銀を経由する必要があるのか」という疑問が浮かぶ。当然、ダイレクトに大手人材紹介会社に依頼したほうが、早くてシンプルだ。メインバンクである地銀には知られたくない、という取引先も多いからである。

多くの地銀は勘違いをいしているが、地銀による人材紹介業務の本丸は、銀行員を人材登録し、地元の取引先などに供給することにある。

若手行員から脂の乗った中間管理職や幹部行員を、幹部候補、管理職、財務・経理職、金融・不動産営業職、経営コンサルタントといった形で、後継者不足や人材不足に悩む地元の中小企業や新興企業などに紹介するのだ。

この結果、地銀は、適正人員を実現できるだけでなく、人件費の圧縮と人材紹介手数料の収入を得ることもできる。人材不足に悩む地元の企業にとっても問題解決になる。もちろん、当の行員本人にとっても悪い話ではないはずだ。地域社会全体での適材適所の実現といった効果も期待できよう。

「企業はいま、モノやカネではなくヒトを求めている」という環境からも、地銀がその豊富な人材を派遣して、人手不足に悩む地元中小企業への「地域の人材供給バンク」となれるだろう。

後継者不足や財務などの専門家不足に悩む地元企業、介護職不足に悩む地元社会への人材供給による地域の労働流動性を生み出すことこそ、いま地銀ができる地方創生であり地域貢献ではないだろうか。

労働流動性の創出には別の効用もある。政府主導で働き方改革が進められているが、その施策の多くは、機能しているとは言い難い。残念ながら、どんなに啓蒙したり、規制したりしても、パワハラもセクハラも超過残業も不正もなくならない。地銀においても例外ではない。SNSや週刊誌などには真偽は不明ながら、多くの地銀の事例や告発内容などが掲載されている。

これら深刻な問題の唯一の解決策は、「イヤなら辞められる」環境を整えること、つまり、いつでも転職できるという労働流動性の創出に尽きるのではないだろうか。イヤなのに辞められないから、当人は我慢して問題が深刻化し、相手（企業や上司、同僚など）もつけ上がることになるのではないだろうか。

雇用維持が足かせとなる悪循環

地銀にとって人員の削減は不可避の状況ながら、むろん、人員削減は簡単におこなうべきものではない。

地銀にとって、新卒採用して、多くの研修・勉強会を施し、資格取得を支援し、福利厚生を充実させてきた人材である以上は、経営の根幹を成す大切な資源となる。

一方で、人材への支援を充実させ丸抱えすればするほど、人材は手放せなくなる。経費もかかる。実際、第一地銀全体の経費2兆2000億円のうち、人件費は1兆1000億円で49・3パーセントとほぼ半分を占めている（2020年度）。ちなみに、ネット銀行大手の一角である大和ネクスト銀行の営業経費に占める人件費の割合は、なんと17・0パーセントに過ぎない（2020年度）。

地銀は、雇用維持→店舗維持→貸出量の追求→競争激化→金利低下→収益低下→コスト削減→商品・サービスの低下→顧客離反→店舗と雇用の維持が困難、という悪循環に陥っているのだ。

もう人材を過保護に最後まで囲わないことだ。多様な雇用形態が生まれている現在社会において、地銀は、雇用維持を前提としたビジネスモデルからの脱却を決断する時期に来ている。

多様な働き方を受け入れ、勤務時間ではなく、生産性や成果で評価される人事体系を作るしかない。そして、組織の肥大化や会議の重複化の是正、株式会社として収益や業績をより意識した経営を目指すことが必要になる。

根本的な、職場の構造や銀行カルチャーを変えない限り、地銀の内部崩壊は進み、「地銀消滅」へのカウントダウンが止まることはないだろう。

地方銀行員から地方公務員へ

三重苦に苦しむ銀行に見切りをつけて、地銀でも多くの世代の銀行員の流出が続いている。20代から30代だけでなく、40代にも及んでいる。実際、「銀行員、転職」とネットやスマホで検索すると、ずらりと様々な転職サイトやSNSの体験談やアドバイスが出てくる。

かつての銀行員の転職や退職では、家業を継ぐことを除けば、銀行から銀行、銀行から証券会社や外資系金融会社などが主流だったが、いまは様変わりをしたようだ。

流行りのスタートアップ企業やベンチャー企業の立ち上げや独立、コンサルティング会社やDX企業に転職かというと、メガバンクはともかく、地銀ではそうではないという。

地銀の場合、県庁や市役所といった地元の自治体や、JAバンクグループや日本政策金融公庫などの政府系金融機関などに転職するケースが増えているというのだ。自治体採用においては、20代であれば、一般的な公務員試験を、30代や40代であれば、社会人経験者採用枠をパスして採用されたりするということだ。

地銀を選んだ若者は、あくまで保守王道を極めるため、より保守的な転職先を選んでいるのが興味深い。もともと、地元では保守的で安定的だった地銀を見限り、さらなる安定と保守を求めるという。若手行員の嗅覚は敏感である。

地銀はともかく、確かに、県庁、市役所、JAバンク、政府系金融機関がこの先も簡単に消滅することはないだろう。

第5章　法人向けも個人向けも苦戦

1、法人向けの貸出とAIレンディング

コンサルティング営業では解決しない

　第一地銀の貸出金残高（国内店）223兆5226億円のうち、法人向け貸出金残高は60・2パーセントを占めている（2020年度）。

　これら貸出金から得られる利息収入は、地銀の収益の大方を占めるが、日銀の低金利政策に伴う貸出金利回りの低下により、収益面では苦戦している。貸出金利息は合計2兆1951億円と前年比859億円も減少しているのだ（2020年度）。

　主力の法人向け貸出での減収分を補うため、ほぼすべての地銀が、事業性評価の徹底によるコンサルティングやビジネスマッチング、創業支援などをおこなっている。金融庁や専門家による「アドバイス」もあり、実践しているものの、どれも決定打にはなっていない。

そもそも、コンサルティング営業の対価として、顧客から手数料を得ること、例えば、従来の1・0パーセントの貸出金利から付加価値をつけて2・0パーセントと引き上げることが、本当に可能なのだろうか。

一つ架空の事例を挙げてみよう。

名古屋銀行と取引のある精密加工業を営むA社では、借入金5億円の金利は年1・0パーセントである。名古屋銀行の担当者は社長のもとを足繁く訪問し、「精密加工業の将来」「AI導入による業務効率化」など、情報提供やコンサルティング提案をしてくれるという。

それ自体は、有り難いのだが、この業界で30年の経験を持つ社長にすれば、正直なところ、当たり前の話や知っている内容も多い。

先日、その担当者から、今後もコンサルティング提案を続けたいが、これからは、手数料での対価、または現在、年1・0パーセントの借入金利に上乗せして年1・5パーセントとしてほしい、と切り出された。

「それならば、今後、コンサルティングは要らない」と社長は回答する。厳しさを増す経営環境下、追加の手数料や金利負担はできるだけ回避したいからだ。当然の判断だろう。

それでも粘る担当者に、どうしようかと思案していたところ、愛知銀行と中京銀行から、相次いで飛び込み営業を受ける。彼らもコンサルティング営業を強化しているという。名古屋銀行との話を打ち明けると、「うちなら、無料でコンサルティングしますよ」「借入金利も年0・8パーセントでどうでしょうか」と両行とも言う。

この事例が示すポイントは大きく二つある。

一つは、そもそも対価を払うほどの価値ある情報提供やアドバイスを、百戦錬磨の企業経営者やその業界の専門家に対して、どれだけの銀行員ができるのだろうか、という点だ。

そのために研修をおこない、資格を取得する勉強会を早朝や夕方、休日に開催したり、研究機関や異業種に出向させたりしている。

大垣共立銀行や山梨中央銀行（甲府市）、鹿児島銀行など多くの地銀が、法人向け貸出などビジネスでのコンサルティング能力の向上に繋げるため、若手行員を中心に、地元のホテルや旅館、製造業の工場、テレビ局やコンビニなど異業種で研修を積ませているという。

研修の趣旨と内容自体は興味深い試みである。しかし、こうした試みは、コストもかかり、時間も要するものだ。また、取引先でもある受け入れ先企業に負担を強いている場合もある。研修や出向で学んだ知識や経験は無駄ではないが、その程度では対価を伴うコンサル業務はできないだろう。

二つ目は、仮に、対価を得るに値するコンサルティングができたとしても、競合他行が「うちは無料で提供しますよ」と提案してきたらどうするのか、という点である。貸出金利における過当競争と同様に、コンサルティング手数料でも過当競争が起きて採算割れする可能性があろう。

そろそろ現実と現場に向き合うべきである。そもそもが、「銀行の取引先の事業内容や成長性を銀行員がしっかりと目利きし、貸出や顧客紹介やコンサルティングなど本業支援をおこなう」ことにより、利ざやや手数料を得るというコンサルティング営業は、現実の競争環境を理解していない、卓上の理想論なのだろう。

過疎地や小規模の地銀、公的資金注入行などの部分的な成功事例を持ってきて、多くの大規模な地銀や都市型地銀に同様の成功事例を求めても、それは無理な話なのだ。競争環境が違う。

AIレンディングが主流となる

さらに追い打ちをかけるように、地銀の貸出ビジネスは、AIレンディングによって駆逐されようとしている。

「AIレンディング」（オンライン融資）とは、法人向けには、企業間決済や財務情報をリアルタイムで把握するクラウド会計のデータなどをAIが分析し、貸出をおこなうものである。また、個人向けには、年収や預金額、家族構成などの情報をAIが分析し、フリーローンや住宅ローンなどの貸出をおこなう。

むろん、ＡＩレンディングにおいても、技術面でも運営面でも各社による試行錯誤は続いており、貸出におけるデフォルト（債務不履行）を完全に回避できる訳ではない。しかし、既存の銀行貸出と比べて、ＡＩレンディングは、顧客にとっては、提出書類の少なさ、審査スピード、金利水準において、銀行にとっては、デフォルト率の低下、人員コストの削減などの部分で優位性がある。

既存の銀行貸出では、担保や業歴、決算内容などの形式的な条件が満たされず、審査が通らないような個人や企業であっても、ＡＩレンディングでは、個人の属性や企業の資金・商品フローなどを広く審査対象とすることで、借り入れが可能となるケースが出てくる。

福岡銀行が、２０１７年から導入していた中小企業向けのオンライン貸出、「ファストパス」の知見を活かす試みをしている。２０２０年9月からは、ＡＩによる審査で申込みから融資実行までオンライン上で完結する、中小企業や個人事業主向けオンライン貸出「フィンディ」を開始している。

24時間受付で、来店不要であり、印鑑証明や登記簿謄本など面倒な書類提出や説明も必要なく、最短即日で融資実行されるという。

デジタル・プラットフォーマーやＤＸ企業の攻勢も進んでいる。ＧＡＦＡの一角であるアマゾンは、２０１１年から同社に出品する企業へ売掛債権の範囲内での融資を始めている。日本においても同制度を導入し、貸出を拡大しつつある。楽天やソフトバンクなどは、日々の決済や口コミなどのデータから信用力を判断し、銀行を介さずに融資事業への参入を加速させている。

さらに、ＡＩレンディングの対象先も今後ますます広がっていくことになるだろう。

現在では、個人や中小企業向けのＡＩレンディングが中心となっている。だが、本来、ディスクロージャー（情報開示）が充実し、様々な情報を入手しやすい大企業向け貸出こそ、ＡＩレンディングとの相性がいいはずだ。

なぜなら、大企業であれば、決算短信から有価証券報告書、ＩＲ説明会資料、ディスクロージャー誌など、公表資料には事欠かない。株価や公募社債の起債実績、格付け会社による格付けやＣＤＳ（クレジット・デフォルト・スワップ）のデータもある。むろん、決済や財務情報をリアルタイムで把握するクラウド会計のデータも豊富だ。

長年の取引関係や地元産業や地域経済への影響を言い訳に、ただ期日にロールオーバー（融資の延長）をするだけで、対面審査や、コンサルティング提案が結果的に、その役割をまったく発揮できていない多くの大企業向け貸出こそ、ＡＩレンディングに置き換えていくにふさわしい。

この場合、地銀において、大企業向け貸出に携わっていた本店・本部の組織、店舗と人員は、大きく削減されることになる。一方で、地銀の業績好転には大きく寄与することになるだろう。

貸出における三つの選択肢

ＡＩレンディングの広がりを受けて、この先、地銀には、法人向けと個人向けの貸出業務に対して、三つの選択を迫られることになる。

その一つが、既存の貸出ビジネスの拡大という選択だ。コンサルティング営業を旗印に、貸出業務をさらに強化する戦略だが、すでに述べたように限りなくユートピアでもあり、成功する可能性は低い。

二つ目が、AIレンディングへのシフトという選択だ。デジタル・プラットフォーマーやDX企業などが相次いで参入するなか、地銀もAIレンディングに積極的に進出することが必要だ。ただし、既存の店舗や営業員、審査人員が大幅に余剰となるため、いま以上のダウンサイジングが伴うことになる。

そして三つ目が、貸出業務からの撤退である。すでに競争が激化するレッドオーシャンの状態である国内での貸出業務が、この先すみやかに、回復する可能性は低い。例えば、貸出業務から撤退し、個人向けの資産運用業務などに特化する選択は、二つ目の選択と同様に、既存店舗と人員の大幅な削減を伴うことになる。

いずれにせよ、貸出ビジネスにおいて、市場の成長性や採算の観点からも、早晩、多くの地銀がこれらの選択により、貸出業務から事実上撤退する、またはAIレンディングに置き換わろう。

むろん、一つ目の選択をとり、貸出により特化して生き残る地銀はあるかもしれない。過疎が進み、事実上独占状態の地域では、例外的に存続が可能かもしれない。しかし、地方経済の縮小が進むなか、すべての地銀99行に対してのパイはもはや用意されていない。

住信ＳＢＩネット銀行や楽天銀行などネット銀行が総じて好調なのは、店舗を持たず人員が少ないことに加え、法人向け貸出ではなく、住宅ローンなど個人向けビジネスを中心としているからだ。その事実から目を背けてはならない。

地銀は、法人向け貸出をおこなわなければならない、という規制はない。無駄な競争を強いられる市場から撤退することも、勇気ある前向きな経営判断であろう。一度、ＡＩレンディングの利便性やスピード感を体感した法人や個人が、従来型の銀行貸出に戻ることはない。

地銀は、ＡＩレンディングの拡大を受けて、従来型の貸出業務から撤退か縮小し、資産運用など個人ビジネスへシフトするか、自らもＡＩレンディングに積極的に参入するしか道はない。どちらを選択しても地銀の店舗と人員のダウンサイジングは避けられないことになる。

海外拠点も預金も要らなくなる

地銀における従来型の法人向け貸出などが縮小していくのであれば、当然ながら、地銀が有するシンガポールや香港、ベトナム、ロンドンやニューヨークなど海外での店舗や駐在員事務所の多くは不必要となる。

その多くが、収益を生まず赤字とみられることからも、この先、真っ先に縮小・廃止となろう。実際に、地銀上位行である静岡銀行は、ニューヨーク、ロサンゼルス、香港に海外支店などを有しているが、現在、各海外拠点の役割の見直しをおこなっている。

また、法人向け貸出を撤退、縮小するのであれば、その原資となる預金も従来のように必要ではなくなる。

日銀の低金利政策が続き、必要以上の預金が銀行に流入することで重荷となっている現状では、地銀にとってむしろ渡りに船ともいえる。

地銀は、預金金利のさらなる引き下げ、ボーナス・キャンペーンの廃止、金利上乗せ特典の廃止、紙の通帳廃止や有料化などに加え、口座維持手数料を導入することで、預金に関わるコストを削減し、預金のさらなる流入を防ぐ手立てを打ち出す必要があるだろう。

2、地銀が投信販売をやめる日

個人向け資産運用へのシフト

では、今後、地銀が生き残りを図る上で、何を軸に据えればいいのだろうか。それは個人向け資産運用である。個人向け資産運用を軸にした新しいビジネスモデルへの転換が、現実的な生き残り策となる。

個人金融資産の増加と公的年金制度への不安などから、今後も個人向け資産運用ビジネスの拡大が予想される。地銀においても、証券子会社や資産運用子会社を持ち、信託業務ができる銀行も増えている。

さらに、こうした個人向け資産運用ビジネスを活かし、強化していく具体策として、富裕層や資産形成層向けの資産運用に加え、首都圏店舗の拡充や、不動産関連ローンの充実、シニア向け見守りサービスなどが挙げられよう。

なお、これら個人向けビジネスを補強し、地銀の新たなる柱とする上でも、事業承継や相続に関わる不動産仲介の解禁や、銀行における税理士業務の解禁といった規制緩和が待たれるところだ。


しかし、残念ながら、個人向け資産運用ビジネスもバラ色ではない。

一つは、いわゆる資産新規層、資産形成層向けのビジネスは、デジタルネイティブを含む若年層が中心のため、ここ数年のうちに、急速に、AIやロボットを活用したネットやスマホアプリでの取引に置き換わるとみられる。

もう一つは、規模の問題だ。この先、個人向け資産運用ビジネスが拡大するのは間違いないが、従来の法人向け貸出から得られる利ざや収入、手数料などと比べると、その収益の規模は半分どころか、三分の一や四分の一、場合によっては十分の一といったことも想定されよう。

このため、短期的には、収益性が高いとされる富裕層ビジネスで凌ぎながら、ノウハウ蓄積とリストラを進め、中長期的には、資産形成層と広く浅く共存するビジネスモデルが理想になる。いずれにせよ、収支が均衡する適正規模となるまでには、有人店舗や人員削減によるダウンサイジングが不可避となる。

一方で、シニア層や富裕層は、ＦＡ（金融アドバイザー）など専任担当者やスペシャリストと対面での面談をより求める傾向にある。このため、訪問営業や、メガ店舗に代表される有人店舗内にあるラウンジなどにおける対応を強化することも必要となろう。

ただし、ＦＡが銀行員である必要はなく、より専門的なコンサルティングサービスの提供のために、例えば、地元で活躍するＩＦＡ（独立系金融アドバイザー）やＩＦＡ法人などと地銀が業務提携の上、連携したり、協働したりすることも考えられるだろう。

金融商品が販売不振の三つの理由

人生100年時代といわれるようになり、「年金2000万円不足問題」などがあかるみに出た。公的年金制度への不信感もあり、個人の資産運用に関する関心は高まる一方だ。地銀にとっては数少ないビジネスチャンスの到来である。

だが、地銀による個人向けの投信や債券、保険など金融商品の販売は、コロナ禍で来店客数も減ったことで苦戦しており、儲からなくなっているという。どうしたらいいのだろうか。

地銀における投信や保険など、金融商品の販売不振の理由は大きく三つある。販売手数料の低下、金融庁の介入、そしてスマホ化の進展である。

一つ目は、米国に端を発した投信の販売手数料ゼロ化の動きだ。日本でも楽天証券などネット証券だけでなく、SMBC日興証券が一部の投信販売手数料をゼロにしたり、最大手の野村證券では信託報酬ゼロ・パーセントの投信を設定したりするなど、追随の動きが広がっている。地銀が得ている販売手数料にも波及する可能性が高い。

二つ目は、金融庁の存在だ。「フィデューシャリー・デューティー（受託者責任）」に代表される顧客本位や長期分散安定運用への啓蒙により、売れ筋商品頼みの従来の営業手法が否定されたことが、販売や収益の苦戦に繋がっている。

また、対面販売ゆえに、高齢者向けの対応や、ディスクレーマーや商品説明などコンプライアンス対応に時間やコストもとられている。

三つ目は、ネット証券やネット銀行のさらなるプレゼンスの増大だ。コロナ禍でスマホ化は加速しており、投信や保険など金融商品をスマホアプリから購入する動きは、若年層だけでなく、シニアや富裕層でも広がり続けている。

企業オーナーや富裕層のなかには、資産運用取引をすべて同じ銀行グループに把握されたくない、という心理的抵抗も背景にある。

業務提携や合弁会社設立で模索するものの

このような状況下、地銀各行による投信など金融商品の販売における試行錯誤は続いている。

例えば、SBIHDによる「第4のメガバンク」構想に応じて、資本業務提携した島根銀行は、2020年5月、投信・債券を扱う銀行の窓口販売（以下、窓販）業務をSBI証券に2300万円で事業譲渡した。

島根銀行にある顧客の口座と資産が、SBI証券に移管されたことになる。前年度の同事業の経常収支は1000万円の赤字だった島根銀行にとって、金融商品の販売を自前で維持するのは重荷だった訳だ。

SBI証券と金融商品の仲介で提携する地銀は、中堅・中小を中心に現在35もあり（2021年6月末）、赤字に耐えられず、今後も、投信や債券の販売業務の事業譲渡は続くとみられる。

野村證券と山陰合同銀行（松江市）に続き阿波銀行（徳島市）が、金融商品の仲介業務における包括業務を提携し、投信販売など個人向けの証券事業を統合するのも、同様の理由だろう。

また、野村證券と千葉銀行、第四北越銀行、中国銀行が、合弁会社を設立し、中立性・リモート完結・アドバイスに特化した金融コンサルティングサービスを、投資助言・代理業者として開始すると発表している。だが、まだ緒についたばかりであり、収益性が確保できるのかという点では疑問は残る。

なお、横浜銀行や千葉銀行、福岡銀行のように、自前で証券子会社を持つ大手地銀は、顧客基盤と収益基盤の銀行グループ外への流出を防ぐことになるものの、スマホ化の流れには逆らえない。簡単に証券子会社をたたむ訳にもいかず、より厄介だろう。

こうしたなか、証券子会社を持つ広島銀行が、2020年2月、SBI証券、楽天証券と金融商品の仲介における契約を結んだ動きは注目に値する。大手地銀でも、投信販売の事実上の移管や委託が進む先駆けとなるかもしれないからだ。

ネット銀行、ネット証券が牽引する形で、この先もスマホ化は加速する。2021年の「日経金融機関ランキング」顧客満足度調査においても、トップ10のうち、住信SBIネット銀行、ソニー銀行、イオン銀行などネット銀行が6行もランクインする。その一方で、メガバンクも地銀もゼロだ。投信や保険販売においても、ネットによる簡便さや安さが求められている。

大手生保と地銀の蜜月関係も終焉へ

日本経済新聞（2021年6月5日）によると、大手生保は保有する地銀株の削減に乗り出すという。

日本生命保険は、2021年度に200億円以上を売却する方針であり、明治安田生命保険も削減の検討を始めた。第一生命保険は、売却対象の地銀に対して今後通知するという。大手各社の2021年度の売却額は、合計で数百億円規模になる見通しだという。

大手生保は、地銀株を運用資産として保有することで配当収入などを得るだけでなく、自社の保険商品を地銀に提供することで売り上げも得てきた。一方、地銀にとっては、長期保有を前提とした顔の見える安定的な大株主を得ることができ、かつ、保険商品を販売することで手数料収入を得ることができた。まさに、生保と地銀の間には長年にわたって、ウィンウィンの蜜月関係ができ上がっていたのだ。

しかし、地銀の業績と株価の低迷、地銀による投信同様に保険商品の販売力の低下などもあり、大手生保が地銀との関係を見直すことになったという訳だ。

従来、大手生保は、地銀の安定的な大株主として地銀経営の礎の一つとなってきた一方で、保険の窓販が解禁されてからは、大手生保にとっても、地銀は自社の保険商品を販売してくれる大事なお客様となった。

こうした大手生保が、地銀との特別な関係を見直す影響はとても大きい。当然、株式売却は地銀の株価にはマイナスになるので、新たな大株主を探す必要もある。実は生保にとって、専任営業員の配置や地銀向け勉強会の開催と販促資料の作成などは、営業経費ばかりかかり、採算が悪化して問題化していたのだ。

この先、大手生保による地銀の選別が進むなかで、地銀での保険商品の販売は大きく減ることになろう。

なお、日本生命保険は傘下にニッセイアセットマネジメントを、明治安田生命は明治安田アセットマネジメントを持つ。

こうした生保系の資産運用会社も、地銀へ自社の投信を供給してきたが、保険商品の場合と同様、人件費や販促費がかさみその多くは採算割れしているとみられる。こうした関係も当然ながら見直しが進み、縮小していく可能性があるだろう。

第6章

「新規事業」の拡大は収益にならない

1、生き残りたければ「何もするな」

「新規事業」の収益化は極めて難しい

低収益で業績不振にあえぐ地銀で、奇妙なことが起きている。

金融庁による規制緩和や「アドバイス」もあり、新たにコンサルティング営業の強化、信託業務の兼営、地域商社やフィンテック会社、人材紹介会社の設立など、地銀の業務範囲が全方位的に拡大しているのだ。

本来であれば、新規事業は本業が傾いている時にやるべきでない。その立ち上げにはコストがかかり、高い付加価値を生み出すノウハウもなく、当然、既存の競合相手もあり、短期間での収益化は容易ではない。実際のところ、話題性や将来性はともかく、どの程度収益に寄与するかを示した地銀はほとんどない。

地銀は、取引先の不振企業に対しては、「選択と集中」が大事で、本業に集中す

図表18　いますべき三つのこと

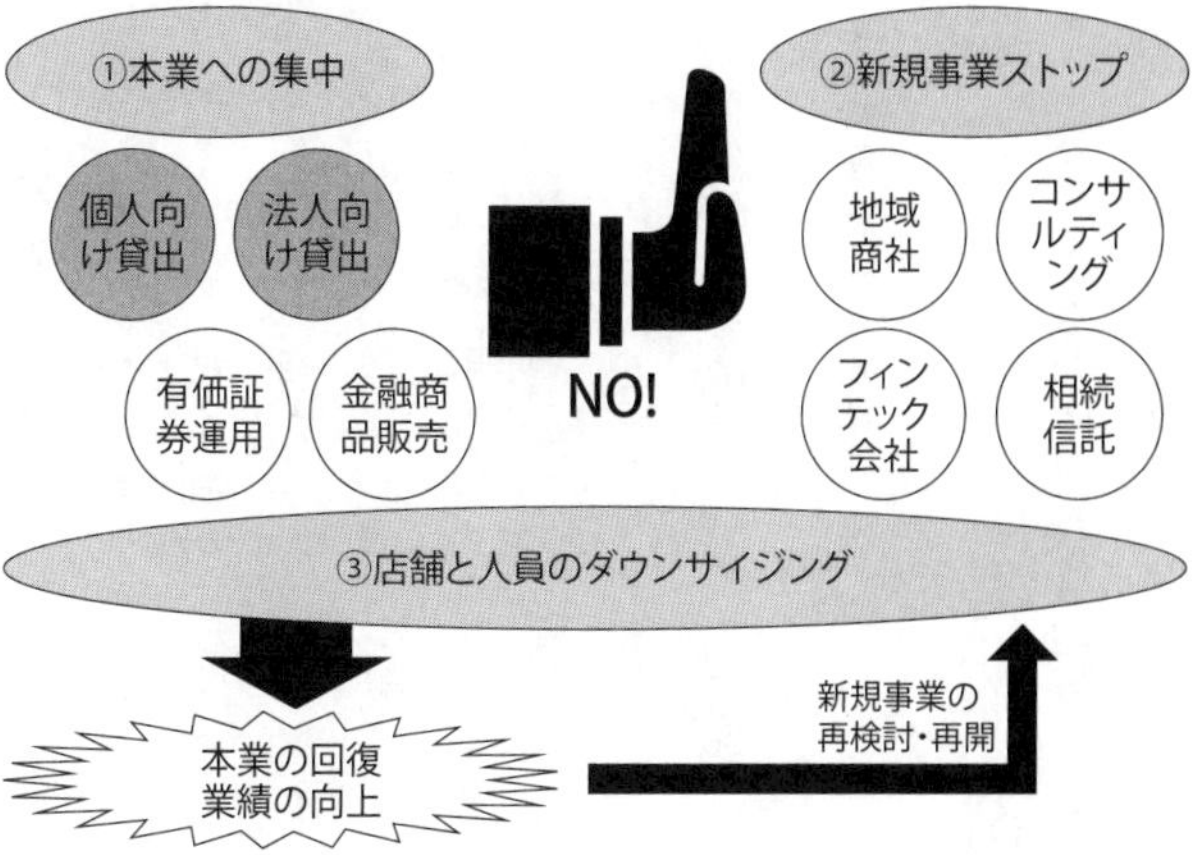

（出所）マリブジャパン

べき、不採算事業を切り離すべき、リストラすべき、だとアドバイスするのに、肝心の地銀自身は「選択と集中」を実践しているそぶりはまったくない。

地銀が、いますべきことは、①本業への集中、②新規事業の停止、③店舗と人員のダウンサイジングではないだろうか。本業の回復、業績の向上を果たした後に、改めて新規事業の再検討や再開を実施するべきなのだろう（図表18）。

いま、地銀は、新規事業ではなく本業である貸出業務に注力すべきだろう。それも、コンサルティングや事業性評価で付加価値をつけるのではなく、むしろ逆で、地銀側のコスト削減努力によって、貸出業務の採算性を改善するべきだ。

「借りたくない、低金利がいい」顧客に対し、「貸したい、高金利がいい」地銀とは本来相反する関係だ。

「金利は高くていいから、コンサルティングしてほしい」という顧客がどれだけいるのか、はなはだ疑問だ。そもそも地銀による業界動向分析やビジネスマッチングに頼るような企業や企業経営者に、経営力や成長力があるとも思えない。

地銀が本丸としてやるべきことは、店舗と人員を大胆に削減し、スリム化することで損益分岐点を改善し、貸出における利ざやを改善することだろう。

いまある資産・強みを活かす

地銀（銀行）の強さの源泉は、貸出資産にある。毎日何もしなかったとしても、住宅ローンのような優良な貸出資産さえあれば、チャリンチャリンとキャッシュが継続的に入ってくるストックビジネスは、他業態からは羨望の的だろう。

スルガ銀行は、シェアハウスなどアパートローンの不正融資問題により、2018年度に971億円の最終赤字を計上した。だが、2019年度には253億円の黒字とV字回復を果たし、2020年度も214億円の黒字決算となった。

住宅ローンや企業向けローンに比べ、主力の投資用不動産ローンなどの金利水準が高いため、継続的な利息収入が見込めているのだ。

新たな中期経営計画では、リスク管理の徹底を大前提に、投資用不動産ローン1200億円の新規実行を目指すという(2022年度)。家電量販店のノジマとの提携解消など問題は山積みながら、いまある貸出資産の強みを活かす施策の方向性は間違っていないはずだ。

さらに、協同組織金融機関ではあるが、城南信用金庫(東京都品川区)や広島市信用組合(広島市)のように投信や保険を一切販売せず、貸出に特化して業績を伸ばしている地域金融機関もある。

貸出ビジネスを極めたモデルはほかにもある。消費者金融会社だ。2006年以降、過払い問題などで業績が悪化し、業界最大手の武富士が2010年9月に会社更生法の適用を申請するなどした。

現在は、アコムはMUFG、プロミスは三井住友フィナンシャルグループ（SMFG）傘下となっている。紆余曲折あり、未だ世間からの批判も多い消費者金融会社ではあるが、アコムやプロミス、アイフルなどは、AIやデジタル化といった言葉が普及していない時代から無人店舗、機械化、省力化を推し進め、個人向け無担保貸出という本業への経営資源の集中を実施してきた点は参考になろう。

また、不良債権問題により実質国有化されたりそなHDは、その後の経営再建のなかで、リテール業務への集中と、人員と業務の合理化を断行した。グループ全体の国内店舗数と新卒採用数は、いまやメガバンクを凌ぐ。

こうした「選択と集中」は、いまの地銀にこそ必要な施策なのだ。

2、「新規事業」子会社乱立の山口FG

臨時取締役会での解任

２０２１年6月25日、山口ＦＧは、午前の株主総会で続投が承認された吉村猛代表取締役会長グループＣＥＯを、午後の臨時取締役会では選任案を否決し、解任した。そして、椋梨敬介氏が代表取締役社長グループＣＥＯに就任した。

日本経済新聞（２０２１年6月25日）によると、椋梨社長は記者会見で吉村元会長の解任について、「十分な社内合意がないままに新規事業を進めることに社内で反対があり、今回の結論に至った」と説明。一部で指摘されていた女性問題が理由ではないとした。

ネット情報サイト「Net IB News」では内部告発文とともに、吉村元会長と特定のコンサルタントとの癒着疑念や女性との不適切な関係なども指摘している。

山口銀行では、以前にも、元トップと19億円の不正詐欺事件を引き起こした第一生命元保険外交員が、親密な関係にあったと指摘されている。いずれにせよ、こうした疑惑に対しても、第三者による社内調査で真偽を明らかにすべきであろう。令和は、昭和や平成とは違い、透明性と公平性が求められる時代だ。

子会社・関連会社を次々に設立

解任の直接の理由とされる「新規事業」とは、消費者金融会社大手のアイフルとの新銀行設立計画だったと報じられている。しかし、それ以前にも、吉村元会長が、2016年6月に山口FG社長に就任して以降、コンサルティング会社、地域商社、人材紹介会社「YMキャリア」、農業法人「バンカーズファオーム」、観光振興法人「ワイエムツーリズム」、福利厚生サービス会社「イネサス」など8社を次々に設立・出資している（図表19）。その他、クラウドファンディング運営会社「KAIKA」への出資や、ファンド投資なども積極的に展開した。

また、山口FGでは、ほかの多くの地銀が店舗の統廃合を進めるなか、2019年7月のスペインバル併設店舗を皮切りに、保育所、英会話教室、カフェ、コワーキングスペース、クリニック、薬局、ベーカリーショップとの併設店舗まで作っている。

図表19 山口FGの子会社・関連会社など

山口FG	会社名など	主な業務	山口FG出資比率	設立年月
連結子会社	山口銀行	銀行業	100.0%	1944年3月
	もみじ銀行	銀行業	100.0%	1941年4月
	北九州銀行	銀行業	100.0%	2010年10月
	ワイエム証券	証券業	60.0%	2007年7月
	ワイエムライフプランニング	保険代理業務・銀行代理業務	100.0%	2016年6月
	保険ひろば	保険代理業務・銀行代理業務	90.0%	2005年8月
	ワイエムコンサルティング	各種コンサルティング業務	100.0%	1992年3月
	ワイエムリース	リース業務	36.0%	1983年5月
	ワイエム保証	信用保証業務	100.0%	2003年6月
	井筒屋ウィズカード	クレジットカード業務	100.0%	1991年1月
	やまぎんカード	クレジットカード業務	80.8%	1983年5月
	ワイエムアセットマネジメント	投資運用業務	90.0%	2016年1月
	にしせと地域共創債権回収	債権回収業務	90.0%	2020年12月
	YMFG ZONEプランニング	地域に関する調査研究・コンサルティング業務	100.0%	2015年7月
	YMキャリア	有料職業紹介業務	100.0%	2019年7月
	イネサス	福利厚生代行事業	100.0%	2021年1月
	データ・キュービック	データ・コンサルティング等	80.0%	2018年6月
	三友	不動産賃貸業務	100.0%	1952年6月
	もみじ地所	不動産賃貸業務	100.0%	1988年4月
関連会社	ワイエムセゾン	クレジットカード等の商品企画・開発業務	50.0%	2007年8月
	もみじカード	クレジットカード業務	39.9%	1982年9月
出資など	地域商社やまぐち	農林水産物の卸売および販売業務など	14.9%	2017年10月
	バンカーズファオーム	農産物の生産販売など	14.9%	2020年4月
	ワイエムツーリズム	観光拠点の創出など	14.9%	2020年6月
その他	山口経済研究所	山口県内経済・産業動向の調査研究	一般財団法人	1974年10月
	YMFG地域企業助成基金	地域貢献企業に対する助成	公益財団法人	1984年3月

（出所）カンパニーレポート、マリブジャパン

解任前の2021年6月14日に開催された、山口FGの会社説明会の60頁に及ぶプレゼン資料には、決算内容に加え、自らが設立した新規事業について延々と紹介が続いている。しかし、これら新規事業子会社の売り上げや取り扱い件数はあるものの、実際にいくら儲かったのか、利益の話はまったくない。一応「粗利益」の開示はあるものの、実際、純利益は赤字で、提示することができないのだろう。

そもそも、地銀が、商社や事業会社のように振る舞うことが、正しい道なのだろうか。それが、顧客のニーズや収益に繋がり、地方活性化になるのだろうか。

繰り返すが、業績不振にあえぐ地銀業界で、新規事業の優先順位は低い。地銀は、自らの不振取引先企業に対しては、選択と集中が大事で、本業に集中すべきだと「コンサル」しているはずだ。新規事業は、立ち上げにはコストがかかり、ノウハウもなく、既存の競合相手もあり、収益化は容易ではない。

きっと、山口FGにも同じような疑問と懸念を持った志ある役職員が、地銀としての原点回帰を胸に、反旗を翻して今回の解任劇に繋がったのではと想像する。

一緒になって、「新規事業」ビジネスを鼓舞してきた金融庁の責任も重い。銀行法を改正して子会社が可能な業務対象を増やしただけでなく、金融庁長官など幹部が、山口ＦＧを成功事例として紹介したり、講演会やシンポジウムで共演したり、二人三脚でこうした新規事業を推進してきたのだ。

山口ＦＧのこの先に待ち受けるもの

この先、山口ＦＧでは、店舗と人員のリストラはむろん、「新規事業」子会社・関連会社の整理と統廃合に追われよう。

赤字体質とされる証券子会社の存続、いくつもあるコンサルティング、保険やクレジットカード関連会社の統廃合などが待ち受けている。そして、その処理が終わった先には、合従連衡が待ち構えているのだ。

地銀上位グループの山口ＦＧが主となり、現在も業務提携関係にある第二地銀の愛媛銀行や、同じ山口県の第二地銀である西京銀行を傘下に収めるシナリオがまことしやかに語られる。

しかし、隣接する強力なライバルによって、山口ＦＧが攻められるシナリオも考えられよう。例えば、ふくおかＦＧに北九州銀行を割譲したり、もみじ銀行を広島銀行に割譲したりすることで、山口ＦＧの事実上の解体もあるのかもしれない。広島銀行は、持ち株会社「ひろぎんホールディングス」（ひろぎんＨＤ）を２０２０年10月に設立しており、受け入れ態勢は万全だ。長年、友好関係にあるふくおかＦＧとひろぎんＨＤが、東西挟み撃ちで、積年のライバル山口ＦＧ解体の好機と捉えてもおかしくない。

それぐらい、今回の解任劇はインパクトある事件であった。ガバナンスやコンプライアンスの欠如はむろん、手を広げすぎた「新規事業」政策の収拾などを抱えた山口ＦＧの混乱と弱体化が進む可能性があろう。

3、「お花畑」的な施策が地銀をダメにする

収益が上がらない施策ばかり

「地銀は、地域や顧客に向いて汗をかこう！　そのために、リレーションシップバンキング、事業性評価、目利き力、ベンチマーク、コンサルティング、企業支援、地域商社など新規事業に注力しよう」という。

これら施策は、１９９０年代から続いた不良債権問題など金融危機が収まって以降、ここ20年来脈々と続いてきた金融庁による地銀など地域金融機関への「アドバイス」だ。どれも居心地のいい理想論であるが空論であり、いわゆる「お花畑」的な施策である。

一方で、肝心の業績はどうだろうか。金融庁によると、地銀の当期純利益の合計は２０１５年度の１兆１７２９億円から、右肩下がりで減り、直近２０２０年度では７０８２億円にまで激減している。

残念ながら、今年度もこの先も、こうした「お花畑」的な施策を頼っても、地銀の業績が改善することはない。なぜ、こうした施策では、業績は回復しないのだろうか。

それは、収益が上がらない施策だからだ。例えば、事業性評価や目利き力、ベンチマークなどは、取引先への訪問や面談など、いままで以上に時間を要し、かつ地銀側にも人材育成などの負担が生じることになる。

苦労して、こうした企業支援や「コンサル」がおこなわれたとしても、競合先もあり、取引先からコストに見合う対価が払われる保証もない。地域商社など新規事業に関しては、山口FGの事例で述べたように、立ち上げにはコストがかかり、ノウハウもなく、既存の競合相手もあり、こちらも収益化は容易ではない。

繰り返しになるが、地銀はトヨタやソフトバンクと同様に株式会社であり、NGOやNPOではないのだ。「お花畑」的な施策には、株価・格付け・業績の話がほとんど出てこない。最大のステークホルダーである株主や社債権者の存在は無視だ。いま流行りの、SDGsやESGのコンセプトからも外れているのである。

強いて言えば、「お花畑」的な施策は、営利を一義的な目的としない信金や信組向けといえるだろう。

上場する株式会社であるにもかかわらず、地銀が顧客目線と収益目線の欠如に陥っているのは、金融庁の施策も原因の一つといえよう。

金融庁によって、実入りのない施策が全国の地銀で導入されており、現場や経営陣が混乱し、悲鳴が上がっているのだ。

ヒマになった金融庁の功罪

筆者のもとには、地銀の第一線で働く方々から連絡が届く。そのなかでも、金融庁のここ数年来の言動に疲弊しているとの声は、頭取から最前線に立つ担当者に至るまで、とても多い。

確かに、事業性評価や顧客本位の業務運営の徹底といったビジネスモデルのあり方まで指示され、原価開示を求められ、適宜、膨大な報告書を要求される業界は、ほかにはないだろう。規制業種とはいえ、大多数の銀行は上場する株式会社であるにもかかわらず、である。

金融庁は地銀に対して変革を煽り、圧力をかけるばかりでなく、デジタル化時代の環境を整備し、規制緩和に努めることこそ、重要な仕事であるはずだ。

預金者の保護を含む、金融システムの維持・安定という大原則を前提に、日本の銀行制度や金融業界をどう構築したいのか、金融庁によるグランドデザインの提示と舵取りが求められているが、明確な方針は示されていない。


では、なぜ、こうした状況が生まれてきたのだろうか。

実はここ数年来、金融庁はヒマなのだ。それは、金融システムが安定していることの裏返しでもある。1990年代から続いた不良債権問題や金融不祥事、金融危機などを解決できたのは、過去30年にわたる金融監督庁と金融庁の卓越した指導と銀行側の努力の賜物である。

しかし、皮肉なことに、金融システムが安定したことで、差し迫った仕事はなくなってしまった。バブル崩壊後の銀行の不良債権問題への対応のため、増員されてきた金融検査官の存在もある。彼らの奮闘のおかげで不良債権問題は収束したといっても過言ではない。一方で、金融庁検査マニュアルが廃止されるなど、足元ではかつてほどのニーズがないのも事実である。

本来、企業では、ヒマな社員がいれば他部署への配置転換や、新規事業を立ち上げたり、のれん分けをしたり、さらには、人員削減や他社への転職となる。だが、縦割り行政のお役所である。人員が減ることはない。新たな仕事や施策が必要になる訳だ。

金融庁が、仮想通貨（暗号資産）の囲い込みに前のめりになったのも、ヒマだったのが背景にある。

同じような先例として、存在意義を失い、ヒマがゆえに、プレミアムフライデーだ、キャッシュレスだ、とありとあらゆる分野に顔を突っ込む経済産業省の立ち振る舞いが挙げられよう。

第7章　魅力ある地方と地銀のすれ違い

1、地銀再編から地方再編へ

津々浦々まで栄えることはもはやない

地銀に限らず、地方に立脚する企業や組織にも、このままでは明るい未来はやってこない。人口減少が続くなか、日本全国津々浦々栄えることはもはや不可能だからだ。

地銀の構造的な問題と業績不振に加え、政府・日銀による「【期間限定】地銀再編キャンペーン」が開始されたことで、地銀の再編は期限が定められ、不可避なものとなった。

地銀が再編・淘汰され、勝ち組と負け組に二極化するということは、地方そのものの再編・淘汰、二極化にも影響を及ぼすことになろう。

そもそも、地域経済、地域社会が衰退していなければ、地銀の業績も地元の取引先企業などへの貸出増加などに支えられて、ここまで悪くなることはなかった。

この先、99行すべての地銀が生き残るパイはないし、この先すべての地方が生き残るパイもない、ということである。47都道府県１７２４ある市町村の存続の成否が問われているのだ。

読者の皆さんも薄々気づいていることだろう。人口減少と少子高齢化の時代、全国一律、すべての地方が自立し成長していくのは無理だと。それなのに全国一律の「地方創生だ！　地方活性化だ！」と正論に基づくむなしい施策が横行している。ゆるキャラやB級グルメ、移住支援にワーケーションで解決するようなレベルの問題ではもはやないのである。

日本に広がる全国一律の弊害

全国一律の地方創生をやめる時が来た。

「選択と集中」は、地銀経営者だけでなく、地方政治家と国民一人一人にも突きつけられているのだ。

これから、1960年代の東京オリンピックや高度経済成長期に整えられた日本各地の道路や橋梁、上下水道など社会インフラの更新も増えてくる。全国津々浦々、電気や水道を張り巡らし、ガードレールを整備していては、予算がいくらあっても足りない。ましてや、新たな空港に新幹線、高速道路、スタジアムにコンサートホールと次から次へと欲しいものが出てくるだろう。

コロナ禍もあって、テレワーク、田舎暮らしや移住ブームが一部で盛り上がっているようだが、むしろ、過疎地から都心への移住を促進し、過疎地域の新規開発やインフラ投資などを制限して、住む地域と住まない地域を分け、傾斜配分して開発投資するべきではないだろうか。

世界中、どの国にも非居住地域や自然保護地域があるものだ。シンガポールやカタールといった狭小国にすらある。いま流行りのテレビ番組『ポツンと一軒家』ではないが、人家が途切れることなく、全国どこにでも住んでいるのは、日本だけだろう。

地方そのものの「選択と集中」が進めば、当然、地方に依存する地銀など地域金

図表20　都道府県別：将来人口の変動率（2045年）

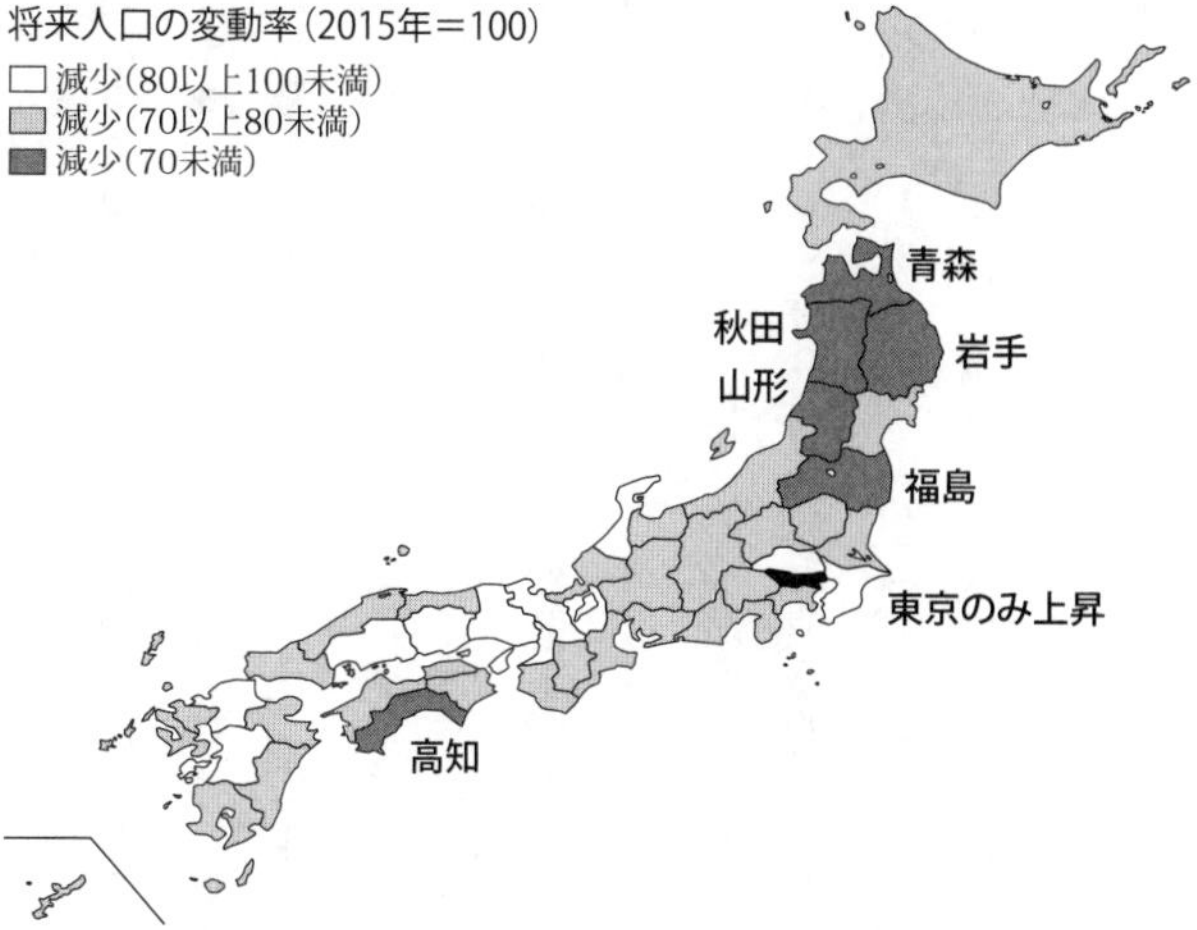

（出所）国立社会保障・人口問題研究所「日本の地域別将来推計人口（2018年３月推計）」、マリブジャパン

融機関の淘汰整理も、いままで以上に進むことになる。

地銀と地方の負のスパイラル

残念ながら、アフター・コロナになっても、人口減少に少子高齢化、過疎化といった日本を取り巻く環境は変わらない。

国立社会保障・人口問題研究所による「日本の地域別将来推計人口（２０１８年3月推計）」によれば、２０４５年には、東京都のみが辛うじて人口が増加するものの、その他46道府県すべてで人口が減少する。

特に青森県、岩手県、秋田県、山形県、福島県、高知県では、2015年比で30パーセント以上の減少率になるという（図表20）。

人口減少、少子高齢化、過疎化が日本全国で進むことで、地銀の貸出・手数料・運用といった主要業務は軒並み苦戦を強いられ、地銀の業績がこの先、さらに悪化することになろう。このため、地銀において店舗の統廃合や人員の削減が進むことになるが、商品やサービスの低下などにより、顧客離反を招き、収益も著しく低下し続けることになる。

こうした状況下、自らの業績立て直しや顧客維持に奔走することになる地銀に、ESG重視やSDGs経営を積極的におこなう余裕はなくなり、地銀の業績不振が、地方経済・社会の低迷を生み、さらに人口減少や過疎化が進むことで、地銀の業績も一段と悪化し、地方も衰退するという、まさに地銀と地方の負のスパイラルが進むことになる。

地方の百貨店、大学、病院の淘汰も進む

地方の路線バスやローカル鉄道といった公的機関に加え、地方百貨店や商店街の淘汰もすでに相当進んでいる。例えば、イオンモールに代表されるショッピングセンターや家電量販店などが増え、アマゾンなどネット通販などが市民権を得るなかで、従来型の主要駅前にあるような百貨店の苦戦は続いており、山形県と徳島県では、すでに百貨店は消滅している。百貨店が１店舗しかない県も17あり、これからも閉店が続く（図表21）。

図表21　おもな地方百貨店閉店の動き

2019年 2月	一畑百貨店出雲店（島根）
3月	大丸山科店（京都）
8月	ヤナゲン大垣本店（岐阜）
	大和高岡店（富山）
9月	伊勢丹府中店（東京）
	伊勢丹相模原店（神奈川）
	山交百貨店（山梨）
2020年 1月	大沼山形店（山形）
3月	新潟三越（新潟）
	ほの国百貨店（愛知）
8月	高島屋港南台店（神奈川）
	井筒屋黒崎店（福岡）
	そごう西神店（兵庫）
	そごう徳島店（徳島）
	中合福島店（福島）
2021年 1月	そごう川口店（埼玉）
	さいか屋横須賀店（神奈川）
2月	恵比寿三越（東京）
9月	松坂屋豊田店（愛知）

（出所）カンパニーレポート、マリブジャパン

　この先、地方大学、地方病院、地方メディア、地方議会

といった、地方において聖域とされる分野にもメスが入ることになろう。

コロナ禍による税収減と、給付金や補助金などコロナ対策予算の拡大などにより、地方自治体の財政悪化が急速に進んでいる。

このままでは、地方自治体の多くが、人口減少→産業の衰退→個人や法人からの税収の減少→インフラ整備や社会保障費の不足→人口流出→過疎化がさらに進む→財政破綻という道を歩むことになるだろう。

「【期間限定】地銀再編キャンペーン」が期限を迎える10年後、今度は、政府による「【期間限定】地方自治体再編キャンペーン」が展開されれば、最終的には、地方自治体そのものの淘汰が一段と進むことになろう。

しかしながら、地銀再編により、地銀が十分な収益を確保し、持続可能な成長を続けることで、多くの地域の持続的な発展にも貢献することはできるはずだ。

さらに、地銀や地方が、淘汰され合従連衡などで選別されることで、「選択と集中」が進む結果、利用者や居住者はよりよい商品やサービスを受けることが可能になる側面もある。

日本経済全体をみたマクロの視点、個々人の所得や生活レベルの向上という観点からも、地銀と地方の淘汰は、必ずしも悪い話だけではないのである。

次の項で詳しく述べるが、東京、ニセコ、京都、沖縄など一部地域がブランド化する一方、コロナ禍でインバウンドが消滅したその他大多数の観光地・リゾート地の選別もすでに始まっている。では、生き残る地方とはどこなのだろうか、そして地銀はどう関わっていくのだろうか。

2、東京へと進出する地銀

東京から地方、地方から東京への流れ

国内のシニア層や富裕層を中心に、セカンドライフの充実を目的に、都心から郊

外や地方へ移住する、または、セカンドハウスを構えるといった動きは、従来以上に活発化している。さらにコロナ禍によって、在宅勤務が広がったことで、地方への移住を後押しする動きも出ている。

一方で、依然として、地方や郊外から利便性の高い東京都心のマンションなどに転居するという逆の動きも続いている。ビジネスはむろん、シニア層や富裕層の関心が高い最新の医療機関、美術館や展覧会、演劇にコンサートなどエンターテイメントの多くは依然、東京を中心に動いているからだろう。

東京以外にも、ニセコ、京都、沖縄など外資系の最高級ホテル（ラグジュアリーブランドホテル）があるところには、シニア層や富裕層が好むセカンドハウスや移住ニーズもある。そういった相乗効果により、さらなるブランド化や不動産価格の上昇という好循環を生んでいる。

こうした観光都市・リゾート地では、地銀からの提供ローンとして、セカンドハウスローンや移住ローン、不動産投資ローンなど、不動産を軸としてローン商品が提供できよう。

地銀は東京の一極集中に切り込めるか

地方の衰退が顕在化する一方で、東京一極集中は簡単には止まらない。魅力があり チャンスもあるので、人も企業も大学もカネも集まる。当然のことかもしれない。

２０１５年の国勢調査によると、全国の総人口に占める割合がもっとも大きかったのは東京都（10・6パーセント）で、次いで神奈川県（7・2パーセント）である。同推計によれば、全国の総人口に占める割合は、東京都や神奈川県では今後も増大し、２０４５年には東京都（12・8パーセント）、神奈川県（7・8パーセント）となるという。このほか、首都圏の埼玉県や千葉県でも全国の総人口に占める割合が上昇するという。

東京都が出している東京都区市町村別人口の予測によると、都心３区（千代田、中央、港）の人口は、２０１５年の44・2万人から２０４０年には63・5万人と約４割も増えるという。

大規模再開発が進む渋谷区でも２０４０年まで、新宿区では２０３５年まで人口が増加すると予測されている。これら都心5区（千代田、中央、港、渋谷、新宿）では、2015年の100・0万人から2040年には122万2000人と2割以上増えるとされているのだ。

また、平均世帯年収（市町村別の納税義務者数を課税対象所得で除した数値）は、港区1150万円、千代田区944万円、渋谷区801万円などと、軒並み全国平均の334万円を大きく上回っており（総務省2017年度）、高額所得者が集中するエリアともいえる。

もちろん、都心5区には、グローバルな上場企業や外資系企業だけでなく、成長性の高い中堅・中小企業やスタートアップが集積する日本最大の法人マーケットでもある。

東京のマーケット規模は、金融ジャーナル社によれば、預貯金で350兆円、貸出金で239兆円とてつもなく巨大だ（2020年3月末）。むろん、メガバンクなど大手行が預金・貸出金ともに8割近くのシェアを持っているので圧倒的ではある。

しかし、富裕層向け資産運用や、個人向け・中小企業向けビジネスでは、地銀にも十分チャンスがあるとみている。さすがにマスリテールも手掛けるメガバンクの店舗網は都内・都心でも圧倒的な数だが、2021年現在、都心の有人店舗を急速に減らしている。メガバンクが東京のマーケットをフォローしきれていないのであれば、むしろ地銀には、収益チャンスとなる。特に、富裕層や資産形成層への資産運用の提案や、中堅・中小企業向けの貸出は狙い目だといえよう。実際、地銀の東京進出は増加しているのである。

千葉銀行では、都内5区を中心に東京営業部、新宿支店、品川支店、恵比寿支店、池袋支店など15拠点を擁している。東京都の貸出残高は、2兆8712億円（2020年度末）と前年比2442億円も増加している。四国の阿波銀行においても東京都内に4店舗を構え、中小企業向け貸出を中心に、関東地区の貸出残高は2686億円（2020年度末）と、前年比281億円も増加しているのだ。

都心5区だけでなく、京葉銀行の東陽町支店（江東区）、横浜銀行の錦糸町支店（墨田区）、横浜銀行と東日本銀行共同の八幡山支店（杉並区）、足利銀行の王子支店

（北区）など、関東の地銀を中心に東京23区への進出が進んでいる。

これら地銀のいずれのケースも、地元での将来人口の減少を見据え、富裕層向け資産運用や地場の中小企業など、資金需要が旺盛な都内で営業基盤を強化するのが狙いである。

このように、東京での貸出により、収益の多くを稼いでいる地銀は多い。それは株式会社として正しい判断だ。しかし、政府・地元自治体・金融庁に気兼ねしてか、それを大々的に公表することも、好意的に語られることもない。なぜなら、地方創生という錦の御旗が上がっているからだ。

本来であれば、多くの地銀は、店舗を新設したり、既存の東京支店を活かしたりするだけでなく、例えば、東京の地銀や信金を買収して一気に、店舗網と営業基盤を増やす施策もあろう。

現在、東京に本店を置く地銀は、東京きらぼしFGのきらぼし銀行（旧東京都民銀行、旧八千代銀行、旧新銀行東京）、コンコルディアFGの東日本銀行、台湾の大手金融グループCTBC傘下の東京スター銀行がある。

3、ニセコにない地銀ローン

なぜ、ニセコにローン商品がないのか

北海道のニセコでは、パウダースノーを求める外国人による外国人のためのホテルコンドミニアムなどが数多くあり、コロナ禍では、日本人の富裕層からの注目も高まっている。

五つ星ホテルのパークハイアットがあるのは、日本では東京、京都、ニセコのみである。リッツ・カールトンが２０２０年12月に開業し、さらにアマンの建設も進行中だ。

この先も、巨大な外資系資本による大規模開発は目白押しであり、２０３０年の北海道新幹線の新駅開業、高速道路の開通だけでなく、札幌オリンピックの会場となる可能性もあり、ニセコの未来は輝いている。

世界的な金融緩和策もあり、国内外の富裕層が集まり、良質なホテルやコンドミニアムなどが供給されることでブランド化が進み、資産価値の上昇によって、さらなる開発投資がおこなわれている。投資が投資を呼ぶ好循環が続いているのだ。

例えば、高級ホテルコンドミニアムの「パークハイアットニセコHANAZONOレジデンス」は、一戸1億円以上もする高額物件ながら、全113戸のうち、半数以上が日本人による所有だという。豪州やアジアの富裕層が中心だったニセコの高級ホテルコンドミニアムへの投資に、日本人の富裕層も参戦しているのだ。

購入者はどうやって、億単位の資金を用意したのだろうか。個人の戸建てやマンション購入、また不動産投資の場合、その多くは、銀行を利用してローンを組むことになる。住宅ローン、アパートローン、不動産投資ローンといった商品だ。

しかし、「パークハイアットニセコHANAZONOレジデンス」の場合、こうした銀行のローン商品を利用したケースは、皆無だという。ニセコ地区の他の高級コンドミニアムや別荘の販売においても同じだ。

唯一、新生銀行や東京スター銀行が、外国人向けのローンなどで一部対応をしているというが、メガバンクや地銀によるファイナンスは基本的にないという。

補足ながら、所有不動産や上場株式や預金を担保にした、担保ローンは存在するが、これは自己資産を担保にしており、キャッシュで買うのと大差はない。

「そりゃあ富裕層なんだから、みんなキャッシュで一括払いなんでしょう」と思うかもしれない。確かに結果的にはそうだ。しかし、富裕層にとってもキャッシュは虎の子だ。できるだけ現金を使わずに、借り入れすることで、レバレッジを効かせたり、節税対策にもなるからだ。

では、どういうことか。銀行からローンが下りないのだ。正確には、日本の銀行にはこうしたリゾート物件に対応するローン商品や審査体制がないのである。

なぜなら、ニセコの高級コンドミニアムや別荘では、貸出の審査、担保評価において、従来の日本の銀行による保守的な担保評価とされる積算法はむろん、収益還元法によっても、割高すぎて内部規定上、担保価値に見合う貸出額が出せない。

ニセコの高級コンドミニアムといった不動産は、高級外車や高級腕時計、クルーザーにプライベートジェット、装飾品、ワイン、美術品などと同じなのである。富裕層の嗜好品としての側面があるのだ。その価格には、機能性や合理性からの判断というよりは、ブランド価値そのものに重きがある価格形成となっているのも確かであろう。

それだけプレミアムがつき、ブランド化しており、だからこそ将来的にキャピタルゲインも狙えるのだが、銀行からみれば、実体以上の価格評価がされており、プレミアム分が大きく下落するリスクがあるという判断なのだろう。

ニセコを含め日本中のリゾートが、1990年代のバブル崩壊により不良債権の山となった結果、多くの第二地銀を含む銀行が破綻し、第一地銀が業績不振に陥った。そして公的資金の注入を受け再建に苦しんだ苦い過去の経験と反省もあり、日本の銀行は、こうした不動産向け貸出に未だに慎重なのだ。

「富裕層ビジネスへの強化」を打ち出しながら……

日本の銀行は、法人向け貸出や住宅ローンでは、過当競争となり、利ざやが縮小するなかで、メガバンクから地銀に至るまで、ほとんどの銀行が「富裕層ビジネスへの強化」を打ち出している。

その割に、富裕層を顧客として抱え、かつ、実際にローン商品や資産運用に加え、相続・事業承継などで、収益の柱となる程の成果を上げている銀行は、ほとんどないのが現状だ。そもそも、富裕層そのものをよく把握しておらず、富裕層の預金口座はあるものの積極的にアプローチをできていないケースも多い。

そんな状況下、「パークハイアットニセコHANAZONOレジデンス」の1億円以上もする物件を全額キャッシュで買える、または株式や不動産など自己資産を担保に買える日本人は、まさに富裕層である。1億円以上の別荘を全額キャッシュで購入ということは、その10倍以上の金融資産があってもおかしくはない。

彼らの多くは、信用力の高い富裕層であり、日本中いや世界中のプライベートバンクや金融機関がお付き合いをしたいと望んでいるような顧客なのだろう。

こんな「宝の山」を前にして、日本の銀行は、ただ指をくわえているだけなのだ。理由や背景はともかく、まったくもってビジネスセンスがないと言わざるを得ない。

日本だけでなく、世界においても「富裕層ビジネスを強化する、大切にする」とお題目のように唱える金融機関は多いが、実態は、まったくマーケティングが的外れであったり、肝心の商品やサービスがなかったりで、空振りが続いている状態だ。

ローン商品がなく、ローンを実行できない事情は分かった。それでも普段アクセスできない顧客とのリレーションを作る絶好の機会には変わらない。「パークハイアットニセコHANAZONOレジデンス」の事例のように、対応するローン商品がないのであれば、例えば、不動産販売会社とタイアップして、資産運用や相続・事業承継を中心としたシニア・富裕層向けサービスをパッケージとして提案し、インセンティブをつけて顧客を囲うことも可能ではないだろうか。

ニセコなど、一部の高級リゾートの不動産は「プレミアム価格」であり、不動産価値というよりブランド品に対する評価となっている側面もあり、純粋な不動産投資ローンとしての貸出審査が難しいという点は理解した上で、日本一の不動産の沸騰地で、地元の地銀やメガバンクによるローン商品の展開を改めて期待したい。

なお、ニセコだけでなく、北海道ではルスツや富良野など、本州では軽井沢、八ヶ岳、白馬、箱根、伊豆といった高級リゾートなどにおいても、セカンドハウスローンなど、地銀にとっての潜在的なビジネスチャンスはあるはずである。杓子定規な貸出規定に縛られ、リスクもリターンもとらない経営・営業では、しょせん、富裕層ビジネスの取り扱いは無理なのかもしれない。まさしく、顧客目線と収益目線の欠如と言わざるを得ない。

「あそこ（ニセコ）はバブルだから、ローンは怖くて出せない」「いずれ（価格）崩壊するから、お手並み拝見」といった、負け惜しみやもっともらしい解説や言い訳を聞くことはあっても、「積極的に対応したい」という声はなかなか聞こえてはこない。

地域や社会の成長にほとんど関与せず、絶好の収益機会をみすみす逃す地銀の存在意義とはなんだろうか、と思わずにはいられない。

外国資本で完結するネットワーク

日本人富裕層に対してさえローン提供もできない。当然ながら、ニセコへの不動産投資の主流である海外富裕層のニーズをつかんでいる日本の銀行はゼロということだろう。

さらに、これは、富裕層など個人向け投資ローンの話だけではない。より規模の大きい外資系の大手開発会社や不動産会社向けローンでも、なかなか取り込むことはできていない。

ニセコでの、海外富裕層を中心とした高級コンドミニアムや別荘への不動産投資ニーズに、外国人の経営する地元の不動産会社を除けば、地元の不動産業者も金融機関もほとんど応えられていないのだ。

ニセコ町の分析においても、民間消費や観光業の生産額は町外に流出超過だという。町民所得や町の財政力指数も相対的に低く、観光客や投資の増加が地域の稼ぎに十分繋がっていないとしている。

なぜならば、外資系開発会社、海外不動産業者や海外プライベートバンクと海外富裕層との間で、独自のネットワークが排他的に形成され、地銀を含む日系企業はほとんど参入できていないのだ。それは言語や商慣行の問題もあり、信用力や取引実績なども関係している。

日本人富裕層が、ハワイなど海外不動産に投資する場合に、できれば日本語が通じる日本の企業か現地の日系業者に頼るのと同じことだろう。基本的には、担保価値以上の貸出をしない日本の銀行に対して、貸出先の事業計画や将来性、信用力そのものに対して評価し貸出をする海外の金融機関との差も影響している。

ニセコには、メガバンクの支店も出張所もなく、イオン銀行の提携ＡＴＭがたった1台あるだけだ。地銀も地元の北洋銀行の支店が一つあるのみである。この後に紹介する北海道銀行に至っては、支店ではなく出張所があるだけなのである。

地元の金融機関やメガバンクが動かないのであれば、ニセコらしく、東京支店を持つオーストラリア・ニュージーランド銀行（ＡＮＺ）など豪州の4大銀行や、プライベートバンキングでも定評があるＨＳＢＣなど、香港の大手銀行など外資系金融機関を誘致することも考えられよう。

もっとも、ポジティブに考えれば、日本の銀行によるファイナンス商品や関与がなかったからこそ、本物の富裕層による不動産投資や購入が中心となり、転売や投機だけを目的とした投資家層の参入を拒んだことで、ニセコの不動産における高い属性の確保や短期的な乱高下などを防ぎ、ブランド化にも寄与したともいえる。

地銀を含む日本の銀行が関わらなかったから、ニセコの興隆を招いたというのは、なんとも皮肉な結果ではあるが、事実として大切なポイントなのかもしれない。

いずれにせよ、顧客目線と収益目線を欠いたために、日本でもっとも成長するエリアで、まったくプレゼンスを示せない事態となっているのだ。

北海道銀行NISECO出張所

なお、地元の北海道銀行では、2016年末にNISECO事務所を開設し、投資動向などの情報収集、観光振興活動への参画・サポートをおこなってきた。また、海外発行対応ATMや外貨両替機を新設し、倶知安町、ニセコ町とは地方創生に関する包括連携協定を締結した。

続いて2019年4月、さらなる開発・交流人口の増加および北海道新幹線の延伸などによる地域振興・経済発展が望まれることから、預金業務や融資業務など幅広いニーズに対応する拠点として、ＮＩＳＥＣＯ事務所を引き継ぎ、ＮＩＳＥＣＯ出張所を開設した。取り扱い業務は、口座開設や振込みなどの取次ぎ、法人向けの融資業務（個人の相談は取次ぎ）となっており、現金の取り扱いはなく、営業時間は平日午前中のみと少人数での運営となっている。

今後は、実績を積み上げながら、ニセコ地区でのフルバンキング機能を持った支店開設により、海外送金や両替に貿易関連を含めた外国為替取引、地元建設業者や不動産業者への貸出強化、外貨預金や不動産投資を含めた内外の富裕層向けの資産運用や融資業務などが展開できるのではないだろうか。

北海道銀行のみが持つ、ウラジオストックやユジノサハリンスクの拠点を活かし、ロシアの開発企業や投資家、富裕層を誘致できれば、一段とニセコの多様化に寄与することもできよう。

なお、ライバルである北洋銀行の倶知安支店では、地場の日本企業への貸出を強化するだけでなく、「ニセコＨＡＮＡＺＯＮＯリゾート」を運営する日本ハーモニー・リゾートの取引銀行の一角も占めている。すでに、２０１１年から外国為替取引を強化することで、収益も拡大している。今後は、倶知安駅前通りにある現店舗を活かしつつ、ひらふ地区などスキーエリアへの2店舗目の出店により、重層的にエリアをカバーするといったことも考えられよう。

ニセコ興隆において、地元の小売り業者や建設業者に一部恩恵はあるものの、地銀がほとんど蚊帳の外では、あまりにもったいない。日本人富裕層の多くが首都圏や関西圏に居住しているため、これら地域の地銀にもビジネスチャンスがあるはずだ。コロナ禍を受けて、ニセコでは、今後は日本人富裕層向けサービスの展開など、出遅れた日系開発企業による投資の増加も見込まれる。

地元の地銀として、まずは拠点を築いた北海道銀行や北洋銀行の奮起に期待したいものだ。

4、京町家向けのローン商品

世界中の富裕層を惹きつける京都の不動産

コロナ禍にもかかわらず、ニセコ同様に、京都の不動産が国内外の富裕層を惹きつけている。京都のブランド力、世界的なカネ余り、外資系最高級ホテルの開業ラッシュが三重奏になって、投資が投資を呼ぶ好循環が生まれているのだ。厳格な景観規制の存在、限られた不動産供給、「別荘税」の検討も進んでいるが、そうしたデメリットさえも、京都の不動産の希少価値を高めることになっているという。

京都は、千年の都として「国際観光文化都市」に指定され、四季を通じて内外から多くの観光客が訪れる。しかしコロナ禍で、外国人観光客はほぼゼロに等しい。だが、このような状況でも、日系や外資系の最高級ホテルが相次いで開業しており、この先も開業ラッシュが続く予定だという。実際、京都市によると、2021年3月末の京都市内の旅館・ホテル数は679軒と前年比23軒も増えており、6年連続の増加で推移している。

2020年11月、三井不動産は、自社ブランド初の最高級ホテル「ホテル ザ三井京都」を開業。二条城に近く、客室は全161室、最上級の「プレジデンシャルスイート」は一泊130万円もする。帝国ホテルでは、祇園にある国登録有形文化財の弥栄会館を改修し、2026年春の開業を目指している。約60室で総事業費は110億円の見込みだ。

国内外の富裕層による別荘やホテルコンドミニアム、京町家などといった不動産への投資も引き続き活発だ。

2016年に開業した「フォーシーズンズホテル アンド レジデンス京都」は、ホテルコンドミニアムとしての総戸数は57戸であり、リビングやダイニングに加え、キッチンや洗濯機まで備えてあり、4億円台から10億円台で販売された。その後、こうした不動産の資産価値が増したことで、世界的な高級不動産仲介会社であるサザビーズのサイトでは、2ベッドルームの190平米超の部屋が、いまは約12億円で売り出されている。

京町家も根強い人気を誇る

京町家は、京都の町並みや景観を特色づける木造の伝統的都市住宅である。長い奥行きの敷地を活かした職住共存に適した間取り、奥庭や坪庭など自然と季節感を暮らしに取り込む工夫、出格子や虫籠窓などの独特のデザインといった特徴がある。

京町家は、再開発や後継者難、保全の難しさから取り壊しなどにより、その数が減少する反面、本来の住宅としての利用だけではなく、立地や形状を活かして、カフェやブティック、宿泊施設としても再利用されている。また、首都圏や関西圏の富裕層からのセカンドハウスや投資用不動産としてのニーズに加え、企業からのセカンドオフィス、ワーケーション利用のニーズも増えている。

しかし、京町家のリフォームや新規取得にあたり、ハードルとなってきたのがローンである。銀行など金融機関が、京町家の物件に融資することは、築年数や接道要件などから困難なケースがほとんどだった。

このため、京町家に対する住居用や事業用のニーズが高まるなか、古い木造家屋への融資というリスクを伴うものの、潜在的な価値を重視し、地域の景観保全や空き家問題、人口減少対策にも繋がるとして、京都中央信用金庫、京都信用金庫、滋賀銀行、スルガ銀行などが「京町家ローン」を取り扱うようになった。

そのなかの一つである京都銀行では、京町家を継承し、風情ある京都の町並み景観を次世代に残していくため、2015年11月より「京銀住宅ローン京町家プラン」を取り扱っている。

「京銀住宅ローン京町家プラン」では、居住目的の「京町家」の購入・増改築・修繕資金の新規借り入れについて、店頭表示金利から一律、変動金利選択時2・0パーセント、固定金利選択時1・9パーセントを差し引いた融資利率を適用している。

また、「京銀住宅リフォームローン京町家金利プラン」では、新規借り入れには、店頭表示金利から一律0・6パーセントを差し引いた融資利率を適用している。

実際、自宅のリフォームローンとしての利用や、富裕層によるセカンドハウスへのリフォーム資金の融資など、利用実績が積み上がってきているという。

京都が支持される三つの理由

なぜ、コロナ禍下でも、京都では国内外の富裕層による不動産投資が活発なのだろうか。繰り返しになるが、その理由には「京都のブランド力」「世界的なカネ余り」「外資系最高級ホテル」の存在、が挙げられる。

一つ目は「京都のブランド力」。「国際文化観光都市」である京都のブランド力は絶大で、多くの国内外富裕層にとっても憧れの場所である。

例えば、米国の人気旅行誌「コンデナスト・トラベラー（Conde Nast Traveler）」の世界でもっとも魅力的な都市を決める「Best Big Cities in the World」において、京都市が世界1位に選ばれている（2020年10月）。

「ミシュランガイド京都2021」によれば、三つ星は「菊乃井 本店」「吉兆 嵐山本店」など7軒、二つ星19軒、一つ星84軒と星付きの飲食店は110軒にも上る。

二つ目は「世界的なカネ余り」。コロナウイルスによるパンデミックで、日本だけでなく米国、欧州では、史上最大規模の金融緩和策と財政出動策がとられている。

このため、世界中で、株式市場だけでなく、相対的に高い利回りが見込める不動産市場にもおカネが流れ込んでいるのである。

もっとも、米中対立や中東情勢など地政学リスクも高まっている。このため、不動産においても、新興国や地方都市よりブランド力ある先進国の都市や高級リゾートの不動産が選択されることになる。ロンドンやパリ、ハワイなどと同様に、日本では、東京や京都、ニセコの土地などが買われているのだ。

そして、金融緩和の恩恵をもっとも受けるのは、すでに資産・資金を十分に持ち、その資産・資金を元手に投資や開発をおこなうことができる国内外の富裕層となる。地銀においても、ブランド力のある都市や観光地を地元に持ち、富裕層を多く抱えるところは、それだけ有利であるといえよう。

特に、米中対立の激化や、中国による香港や新疆ウイグル自治区での弾圧、ミャンマーでの軍事クーデターを目のあたりにした香港やシンガポールなど、世界各地の華僑や欧米投資家における地政学リスクへの不安が高まっている。その結果、政治的にも安定し、市場規模も大きい日本の魅力度が上がっているのだ。

ドルやユーロ建て資産が大半を占める華僑や欧米など海外投資家において、保有資産の分散、通貨の分散という観点からも、円建ての資産を京都の不動産で持つメリットが生まれている。

三つ目は「外資系最高級ホテル」の存在と開業ラッシュである。

２０１４年に「ザ・リッツ・カールトン京都」が開業して以降、「翠嵐ラグジュアリーコレクションホテル京都」（２０１５年）、「フォーシーズンズ ホテル アンドレジデンス京都」（２０１６年）、「パークハイアット京都」（２０１９年）、「アマン京都」（２０１９年）と、インバウンドの増加に比例するように増えていった。

２０２１年３月には「フォションホテル京都」が開業し、同年９月には「ROKU KYOTO, LXR Hotels & Resorts」が開業した。さらに、インバウンド需要が回復することを見越して、この先も、「デュシタニ京都」（２０２３年予定）、「京都東山 SIX SENSES」（２０２４年予定）、「京都東山バンヤンツリー」（２０２４年予定）、「シャングリ・ラ京都二条城」（２０２４年予定）など、開業ラッシュが続くことになる。

なお、京都で誕生しているこうした外資系ラグジュアリーブランドホテルは、もともとは日系企業のホテルや旅館、会館や料亭だったような場所を買い取ってリニューアルしたり、取り壊して一から作り直したものが多い。

2021年3月、コロナ禍で不振の近鉄グループホールディングスは、都ホテル京都八条など八つのホテルを米国の大手投資ファンド「ブラックストーン・グループ」に売却すると発表している。

この先も、日系企業などによる京都の不動産売却が続くだろう。それは、資金力が豊富で合理的な外資系企業などにとっては、絶好の買い場となるのだ。

京都のように、外資系ラグジュアリーブランドホテルがある都市は、この先も生き残る可能性が高い。なぜなら、こうしたホテルは、自社投資かフランチャイズ契約かに関わらず、しがらみや先入観なく、単純にビジネスとして採算がとれるのか、成長性はあるのか、自社ブランドに貢献するのか、といった合理的な観点から立地や投資が選ばれているからだ。

外資系最高級ホテルの開業が、コロナ禍下でも、継続していることを一つの判断材料として、海外の富裕層や投資家は、安心して、中長期的な視点で京都への不動産投資をおこなうことができるのだ。

京都のように外資系最高級ホテルがある地は、別荘地やコンドミニアム、セカンドハウス需要のニーズも高く、国内外の富裕層などにより、投資対象として売買されることになる。ニセコの場合と同様に、地元や近隣の地銀にとっても、ビジネスチャンスであることは言うまでもない。

景観規制や別荘税さえも京都の価値をより高める

京都の特色の一つに、厳しい景観規制によって、古都の風情が保持されていることが挙げられる。

２００７年９月に新景観政策が施行され、建物の高さやデザイン、色等の規制が強化された。２０１４年９月から完全施行されている。

不動産投資の観点からいうと、京都の不動産は、容積率等に制限があり、開発認可などにも時間がかかるため、投資効率は悪くなる、その反面、供給量が限定されるため、希少価値が増し、プレミアム価格での売買により、キャピタルゲインを狙うことも可能なのだ。

また、京都市では、いわゆる「別荘（セカンドハウス）税」導入の検討が進んでいる。国内外富裕層による別荘やセカンドハウスが多い一方、住民票は別にあるため、住民税などが徴収できず、上下水道といった公共サービスなど、その受益に見合った負担をしていない、いわゆるフリーライダーだと問題となっていた。

京都市の「セカンドハウス所有者等への適正な負担の在り方について」（答申、案）によると、想定される事例では、田の字地区の高層分譲マンションの最上階を別荘目的で所有（築5年、床面積約100平米）や、嵯峨・嵐山に戸建ての別荘を所有（築50年、床面積約300平米）した場合には、それぞれ最大43万円の課税となるという。

もっとも、景観規制や別荘税が課せられたとしても、国内外の富裕層への負担は微々たるものだ。不動産の希少性が増せば、ますます「京都の不動産を手に入れたい」というニーズをかき立てることになるだろう。

5、沖縄独自の地銀の取り組み

沖縄銀行のセカンドハウス・移住ローン

沖縄県は出生率、人口増加率ともに全国トップクラスの若くエネルギッシュな県である。総務省の人口動態調査によれば、2021年1月1日時点の沖縄県の日本人は146万6128人と前年比0・35パーセント増加している。

気候が温暖でビーチリゾートが豊富なこともあり、沖縄は、旅行先としてだけでなく、移住や別荘、ワーケーションといったニーズも高まっている。こうした動きのなか、沖縄県内だけでなく、富裕層やシニア層などを中心とした県外からのセカンドハウス需要も旺盛だ。

このため、沖縄銀行（那覇市）では「おきぎんセカンドハウスローン」を用意している。融資金額1億円以内、融資期間3年以上40年以内で、セカンドハウスの建築・購入・増改築資金、住宅ローンの借り換え資金などに応じている。

また、沖縄銀行の「おきぎん美ら海移住ローン」は、こうした県外の移住希望者の居住用資金、移住のために利用した他金融機関住宅ローンの借り換えなどのニーズに応えている。勤続3年以上で税込年収150万円以上、所要資金のうち自己資金30パーセント超といった条件のもと、融資金額1億円以内、融資期間3年以上40年以内で応じている。東日本大震災のあった2011年度以降、件数、残高ともに、順調に推移しているという。

琉球銀行でも、沖縄県外からの移住や、県内在住者のセカンドハウス取得のためのセカンドステージローン「沖縄大好き暮らす」やアパートローン「沖縄大好き夢」といったローン商品を揃えている。首都圏などからの沖縄移住予定者の相談や、受付などに対応している、東京住宅ローンセンターのさらなる充実なども考えられよう。

ホテルを併設した琉球銀行本店の建設

那覇市の中心地にある琉球銀行の本店ビルは、沖縄本土復帰前の1966年5月に竣工し、米軍統治下において建物や設備も米国仕様で建造された歴史を持つ。だが、老朽化により建て替えが決まり、2025年1月には、敷地面積約4766平米、地上13階地下1階、高さ約68メートルの新本店ビルが竣工予定である。

建て替えにあたっては、県内初の中間免震構造を採用するなど、耐震性および防災機能の強化、新本店ビルに子会社5社を集約するなど本部機能の集約化に加え、那覇市の都市計画に鑑み、広場や歩行者専用通路の設置が計画されている。

さらに、高度利用地区への指定に伴う余剰部分の有効活用、および賃料収入による建築コスト圧縮を見込み、新本店ビル上層階にはホテルを併設するという。すでにホテル事業者として三菱地所と基本合意をおこない、同社グループが運営するロイヤルパークホテルズが沖縄に初出店する予定である。

金融庁が、2017年9月に金融機関向けの監督指針を一部改正したことで、地元の観光振興など公共的な使い方をする場合には、銀行が所有する不動産を柔軟に貸し出せるようになったことで実現することになる。

第4章では、地銀の本店新築ラッシュを批判したが、本件の場合は、顧客目線と収益目線が意識されている事例と思うのだが、褒め過ぎだろうか。

なお、本建て替え計画は、未だ設計途中であり、ホテル事業者との正式な契約締結も2021年10月以降となる予定であり、新本店建築に関わる総工費、ホテル賃料収入による建築コスト圧縮額、ホテルの名称や概要などは未定となっている。

世界的な金融緩和とインバウンドにより、沖縄においても、東京や京都、ニセコなどと同様に、外資系最高級ホテルの進出が相次いでいる。

2012年に開業した「ザ・リッツ・カールトン沖縄」を皮切りに、「イラブSUIラグジュアリーコレクションホテル沖縄宮古」(2018年)、「ハレクラニ沖縄」(2019年)と続き、2024年には、「フォーシーズンズリゾート アンドプライベートレジデンス沖縄」が開業予定である。

コロナ禍が落ち着き、渡航が解禁された暁には、外資系最高級ホテルがあるようなブランド力のある地は、より多くの外国人観光客を迎えるといった展開も中期的には望めよう。

終章　東北がフロントランナーとなる

東北の地銀に激震が走る

2021年5月、ユネスコ（国連教育科学文化機関）は、青森県の三内丸山遺跡など「北海道・東北の縄文遺跡群」（北海道、青森県、岩手県、秋田県）を世界文化遺産に登録勧告した（同年7月に世界遺産に登録）。

地元では、久しぶりの明るいニュースとして沸いたが、東北の地銀にも東邦銀行の赤字転落、きらやか銀行の頭取辞任、青森銀行（青森市）とみちのく銀行（青森市）の経営統合と、大きなニュースが続いた。さらに、同年7月には、荘内銀行と北都銀行を傘下に持つフィデアHDと東北銀行の経営統合も発表されている。

なかでも衝撃的だったのは、七十七銀行とともに東北地銀界の雄である、総資産6兆7000億円の東邦銀行の20期ぶりの赤字転落だろう。最終赤字は55億円で、113億円に上る信用コストに加え、株式売却損や店舗の減損処理が赤字の主因だという。

東北6県の第一地銀、第二地銀は全部で15行ある。グループ数では、経営統合予定を含めれば11グループになる。2020年度の赤字転落は、東邦銀行に加え、きらやか銀行、福島銀行の3行であり、減益となった銀行は、過半を超える8行に及ぶ。コロナ禍による信用コストの増加や、有価証券での損失計上などが目立つ。

きらやか銀行と仙台銀行を傘下に持つじもとHDも、2012年の設立以来初の最終赤字となった。経営責任を取って、粟野学じもとHD社長兼きらやか銀行頭取が退任する事態となった。

合従連衡では、2021年5月、青森銀行とみちのく銀行が、経営統合に向けた協議を開始することで基本合意した。2022年4月に持ち株会社を設立し、2024年4月を目途に合併する予定だ。2021年3月末の連結総資産は両行合算で6兆419億円となり、東北では七十七銀行、東邦銀行に次ぐ規模の銀行が誕生することになる。

また、フィデアHDと東北銀行は、2022年10月の経営統合に向けて協議することで基本合意している。2021年3月末の連結総資産は両行合算で4兆2429億円となる。

経営統合は英断ながら、それだけでは終わらない

同一県内で長年ライバル関係にあった青森銀行とみちのく銀行の経営統合は、青森銀行の成田晋頭取とみちのく銀行の藤沢貴之頭取をはじめ、経営陣の英断である。フィデアHDと東北銀行の経営統合も同様である。しかし、今回の経営統合は、スタート台に立ったに過ぎない。その先には、異業種との最終決戦が待ち構えているのである。

日本全国で合従連衡が進んだことで、いまや地銀トップのふくおかFGの総資産は27兆5000億円であり、総資産が10兆円を超える地銀は15グループもある。しかし、東北はゼロだ。規模の経済と競争の観点からも、総資産10兆円は生き残りに必要とされるなか、東北では総資産9兆8395億円の七十七銀行以外は、厳しい状況といえるだろう。

みちのく銀行と経営統合する青森銀行は、もともと秋田銀行（秋田市）、岩手銀行（盛岡市）と業務提携をおこなっている。秋田銀行も岩手銀行も、この先、単独

でどう生き残るのかが問われるなか、4行による北東北大連合が実現する可能性もある。その場合でも、合計の総資産はやっと13兆3714億円だ。

また、じもとHDなどが中心となって東北の第二地銀5行による、大連合もあるかもしれない。だが、この場合も、一緒になったとしても総資産6兆1187億円の規模に過ぎないのだ。

しかし、仮に、東北の第一地銀10行すべてが一緒になると総資産37兆3750億円、東北15行がすべて一緒だと同43兆4937億円という規模となる。まさにメガ地銀、メガリージョナルバンクの誕生だ。それでも、地銀ではないが、りそなHDの総資産73兆6000億円には遠く及ばない。

しかも、東北地銀の合従連衡の進展には大きな障害がある。東北地銀15行のうち、みちのく銀行、北都銀行、東北銀行、きらやか銀行、仙台銀行の5行に公的資金が注入されており、その合計は、1000億円にも上るからだ（図表22）。

そして、これら公的資金には事実上の返済期限がある。公的資金は、当該銀行が、優先株などを発行し、それを国（整理回収機構）が引き受ける仕組みであるが、一

図表22　東北地銀の業績と公的資金

県	銀行名	預金量（単体）	最終利益（単体）	前年比	公的資金	一斉転換日	業務提携等
青森	青森銀行	2.7	21	増益	—	—	経営統合（予定）
	みちのく銀行	2.1	19	増益	200	2024年10月1日	経営統合（予定）
秋田	秋田銀行	2.9	27	減益	—	—	青森・岩手と３行連携
	北都銀行（フィデアHD）	1.3	11	増益	100	2025年4月1日	—
岩手	岩手銀行	3.2	25	減益	—	—	青森・秋田と３行連携
	東北銀行（フィデアHD）	0.8	11	減益	100	2037年9月29日	フィデアHDと経営統合（予定）
	北日本銀行	1.3	14	増益	—	—	—
山形	山形銀行	2.5	27	増益	—	—	—
	荘内銀行（フィデアHD）	1.2	15	増益	—	—	—
	きらやか銀行（じもとHD）	1.2	▲48	赤字	300	2024年10月1日など	SBI HDと資本業務提携
宮城	七十七銀行	8.3	149	減益	—	—	—
	仙台銀行（じもとHD）	1.0	17	増益	300	2036年10月1日	SBI HDと資本業務提携
福島	東邦銀行	5.7	▲55	赤字	—	—	—
	福島銀行	0.7	▲17	赤字	—	—	SBI HDと資本業務提携
	大東銀行	0.7	9	減益	—	—	SBI HDが出資
合計		36.3	225		1,000		

（出所）カンパニーレポート、マリブジャパン　注：億円、2021年３月末

定期間後に普通株への転換条項がついている。転換による議決権発生により、国に管理されることを避けたい銀行にとって、事実上の返済期限となっているのだ。

もっとも早い返済期限では、みちのく銀行（200億円）ときらやか銀行の一部（200億円）が2024年9月末となっており、あと3年ほどしかない。返済原資となる利益を積み上げ、かつ自己資本比率を保ちながら、公的資金を完済するのは実際問題、そのハードルはとても高い。

返済どころか、この先、不良債権の増加など業績悪化により自己資本比率が低下することで、さらなる公的資金が必要になる可能性も想定される。実際、「公的資金制度の延長」は実施済みだ。金融機能強化法に基づく公的資金枠が12兆円から15兆円に増加され、申請期限も2026年3月末までに延期されている。

「東北金融支援ファンド」の創設を

かつて、東北地方には、北海道東北開発公庫という名の政府系金融機関があった。同地域での産業の振興開発のために必要な長期・低利の財政資金を提供することが目的だった。１９９９年に日本開発銀行とともに日本政策投資銀行へ一切の権利義務を継承し解散。２００８年に新たに株式会社日本政策投資銀行となり現在に至る。

北海道東北開発公庫が消滅して、すでに20年以上が経過した。しかし、東北地方が、その後、豊かな道を歩んできたかというとそうではない。２０１１年には東日本大震災もあり、むしろ茨の道でもあった。

特定地域を対象にした独立の政策金融機関はなくなったが、日本政策投資銀行に地域開発金融の機能は維持されており、ここを中心にファンドを組成し、公的資金の重荷を取り払う形で、東北地銀を支援することはできないだろうか。

具体的には、預金保険機構傘下の整理回収機構が持つ優先株を、各地銀がいったん返済する。それと同時に「東北金融支援ファンド」（仮称）が、同額の優先株を引き受けるのだ。「東北金融支援ファンド」は、日本政策投資銀行が主体になる。地元の自治体、金融機関、企業などの出資も考えられよう。

つまり、国が持つ株から、ファンドが保有する株に借り換える。「公的資金」がなくなれば、優先株転換による「国有化」を恐れることもなくなる。経営統合する銀行側にも負担がなくなり、合従連衡がさらに進みやすくなるはずだ。

東北版「メガ地銀」と東北広域連合

国立社会保障・人口問題研究所の「日本の地域別将来推計人口（2018年3月推計）」によれば、2015年の人口を100とすると、2045年には、秋田県が減少率で全国ワーストの58・8、以下、青森県63・0、山形県68・4と東北勢が続く（図表20参照）。

65歳以上の人口の割合では、2045年には、秋田県では50・1パーセントと過半を占めることになり、以下、青森県46・8パーセント、福島県44・2パーセント、岩手県43・2パーセント、山形県43・0パーセントと、東北勢が「下位5位」を独占するという。

まさに、東北が、日本における人口減少と高齢化のフロントランナーという訳だ。裏を返せば、東北が、地銀の業績不振や再編のフロントランナーともいえよう。公的資金1000億円がその象徴だ。

残念ながらアフター・コロナにあっても、人口減少や少子高齢化、過疎化といった、日本を取り巻く中長期的なマクロトレンドから逃れることはできない。東北においても、コロナ禍による税減収と、コロナ対策予算の拡大により、各自治体の財政悪化も急速に進んでいる。

手遅れとなる前に、公的資金を「東北金融支援ファンド」が借り換え、東北地銀におけるさらなる大規模な合従連衡を進めるべきである。

東北地銀15行による総資産43兆4937億円のメガ地銀「東北フィナンシャルグループ（東北FG）」（仮）の誕生が待たれる。公的資金の負担がなく、規模の経済により、デジタル化やシステム対応などを積極化して、最先端の地銀となるにちがいない。

呼応する形で、東北各県によるいわゆる広域連合が実現すれば、重複する無駄な歳出や政策が是正され、さらに信頼関係が育まれれば、実質的な「東北州」が誕生することになろう。現在の苦境をバネに、東北が、我が国におけるメガ地銀と道州制の先駆例となる近未来も描けるだろう。

おわりに

顧客目線と収益目線の欠如――。2021年6月に公表されたみずほFGのシステム障害に関する第三者機関の報告書にも、「顧客目線の欠如」が原因の根底にあるとされた。

だが、これは、みずほFGだけの問題ではない。「うちは違う」と胸を張って言える地銀がどれだけあるだろうか。

「お客様第一主義」「お客様と地域とともに」と、どの地銀も押しなべて経営理念などに掲げてきたが、果たして、本当にそれが実行できているのだろうか。そもそもお客様とは個人顧客や取引先企業のことを指しているのか……。

一義的には、株主であるはずだ。そしてその一番大事なお客様のために、株価を向上させて配当などで還元することが、株式会社である地銀の第一の使命である。株価を上昇させ配当性向を上げるには、収益も必要となる。その収益の源泉となるのは個人顧客や取引先企業からもたらされるものだ。顧客目線を持つことと収益目線を持つことは同義でもあるのだ。

しかし、現実にはどうだろうか。地銀の第一のお客様が、監督官庁である金融庁になってはいないか。お上の「どうしたこうした」を気にしてビクビクと顔色を窺いながらの経営は、大蔵省時代から変わらぬ地銀のお家芸だ。この先も変わることはないのかもしれない。

本来、顧客目線と収益目線を持ち、株主や顧客に支持され、収益を上げる経営をしていれば、監督官庁など気にならないはずだ。トヨタが経済産業省の顔色を窺いペコペコし、ソフトバンクが総務省にただ平伏しているだろうか。

顧客にとってメリットがあるのか、ないのか。このサービスは、銀行にとって利益を生み出すものなのか否か。このような視点を、トップから新人行員までが各自の持ち場で持てれば、地銀が生まれ変わるチャンスもまだ残されている、と言えるだろう。地銀が生まれ変われば、地方も生まれ変われるのだ。

本書は、2021年9月に脱稿しており、その意見に関する部分はすべて個人的なものである。ただし、筆者が過去において発表したレポートや対外寄稿文などの内容と共通する部分がある。

また公刊に際して、先を見据えた的確なご教示をいただき、ご尽力いただいた平凡社新書編集部の和田康成さん、そしてスタッフの皆様には、私の家族、友人と併せ、心から謝意を表したい。

2021年10月

高橋克英

参考文献・資料

高橋克英　著

『なぜニセコだけが世界リゾートになったのか』講談社＋α新書、２０２０年
『人生１００年時代の銀行 シニアビジネス事例』近代セールス社、２０２０年
『銀行ゼロ時代』朝日新書、２０１９年
『図解入門ビジネス 最新 地方銀行の現状と取組みがよ〜くわかる本』秀和システム、２０１８年
『いまさら始める？ 個人不動産投資』金融財政事情研究会、２０１７年
『図解でわかる！ 地方銀行』秀和システム、２０１７年
『地銀大再編』中央経済社、２０１６年
『地銀７つのビジネスモデル』中央経済社、２０１２年
『アグリビジネス』近代セールス社、２０１０年
『信金・信組の競争力強化策』中央経済社、２００９年
『最強という名の地方銀行』中央経済社、２００７年

高橋克英　寄稿

「東京隋一の〝セレブ通り〟を走る富裕層が「テスラやラクサス」を選ばないワケ」プレジデント・オン

ライン、２０２１年８／12
「中京銀行「希望退職募集」の衝撃」月刊ＦＡＣＴＡ、２０２１年８月号
「地銀・第二地銀の収益性・健全性指標（２０２１年３月期）」月刊金融ジャーナル、２０２１年９月号
「東北地銀に起死回生の「ファンド構想」」月刊ＦＡＣＴＡ、２０２１年７月号
「コロナ禍なのに京都で超高級ホテルの開業ラッシュが起きている本当の理由」プレジデント・オンライン、２０２１年６／２
「Ｊリーグを殺すのは「欧州スーパーリーグ」を否定する人たちである」プレジデント・オンライン、２０２１年５／12
「「歴史ある不動産が外資に売られて残念」その発想が日本経済を低迷させている」プレジデント・オンライン、２０２１年４／21
「地域におけるＥＳＧ／ＳＤＧｓのために地方銀行が果たすべき役割」Disclosure & IR 2021, Vol.16
「ニセコだけが世界リゾートになれた３つの理由」現代ビジネス、２０２０年12／11
「地銀再編が地方淘汰に繋がるワケ１・２」現代ビジネス、２０２０年12／９
「アクティブシニアへの金融サービス提案」銀行実務、２０２０年12月号
「銀行が「投信販売」をやめる日」月刊ＦＡＣＴＡ、２０２０年４月号
「第二地銀38行「三つの分かれ道」」月刊ＦＡＣＴＡ、２０２０年２月号
「地銀「勝ち組再編」の主導権握る千葉銀行」月刊ＦＡＣＴＡ、２０２０年１月号
「低収益で加速する統廃合 根本から問われる存在意義」週刊エコノミスト、２０２０年98巻24号
「「何もするな」収益化は困難 貸し出し回帰が生きる道」週刊エコノミスト、２０２０年97巻49号

「人生１００年時代のシニア・富裕層ビジネス」ファンド情報、２０２０年３１７号
「崖っぷち「日米金融資本主義」」月刊ＦＡＣＴＡ、２０２０年６月号
「デジタル化時代になくなる銀行、残る銀行」週刊エコノミスト、２０１９年97巻10号・22号
「ＬＩＮＥとみずほの「ネット銀行設立」はメガバンクの変革を起こすか」現代ビジネス、２０１８年12／20
「ＡＩ時代の銀行は二極化〜一般客はスマホで完結、富裕層は「最高級店」」週刊エコノミスト、２０１８年96巻14号
「銀行のＡＩ進展で社会も変わる〜新卒一括採用廃止、人材供給バンク」週刊エコノミスト、２０１８年96巻14号

【著者】
高橋克英（たかはし かつひで）
株式会社マリブジャパン代表取締役。1969年岐阜県生まれ。93年慶應義塾大学経済学部卒業。2000年青山学院大学大学院国際政治経済学研究科修士課程修了。日本金融学会会員。三菱銀行、シティグループ証券、シティバンクなどで、おもに銀行クレジットアナリスト、富裕層向け資産運用アドバイザーとして活躍し、その後、独立。著書に『銀行ゼロ時代』（朝日新書）、『人生100年時代の銀行シニアビジネス事例』（近代セールス社）、『なぜニセコだけが世界リゾートになったのか』（講談社＋α新書）などがある。

平凡社新書990

地銀消滅

発行日――2021年11月15日　初版第1刷

著者――高橋克英

発行者――下中美都

発行所――株式会社平凡社
東京都千代田区神田神保町3-29　〒101-0051
電話　東京（03）3230-6580［編集］
　　　東京（03）3230-6573［営業］
振替　00180-0-29639

印刷・製本―図書印刷株式会社

装幀――菊地信義

ISBN978-4-582-85990-4
NDC分類番号338.61　新書判（17.2cm）　総ページ232
平凡社ホームページ　https://www.heibonsha.co.jp/